Chaque pas est une leçon de vie

Leduc s'engage pour une fabrication écoresponsable !
« Des livres pour mieux vivre », c'est la devise de notre maison. Et vivre mieux, c'est vivre en impactant positivement le monde qui nous entoure ! C'est pourquoi nous avons fait le choix de l'écoresponsabilité. Un livre écoresponsable, c'est une impression respectueuse de l'environnement, un papier issu de forêts gérées durablement (papier FSC® ou PEFC), un nombre de kilomètres limité avant d'arriver dans vos mains (90 % de nos livres sont imprimés en Europe, et 40 % en France), un format optimisé pour éviter la gâche papier et un tirage ajusté pour minimiser le pilon !
Pour en savoir plus, rendez-vous sur notre site.

Avec la collaboration d'Alix Lefief-Delcourt

Conseil éditorial : Madeleine Danielsson
Préparation de copie : Camille Le Dain
Correction : Audrey Peuportier
Maquette : Ma petite FaB – Laurent Grolleau
Design de couverture : Antartik
Photographie de couverture : Sébastien Vincent

76, boulevard Pasteur
75015 Paris
ISBN : 979-10-285-3328-1

JEAN-MARC GÉNÉREUX

Chaque pas est une leçon de vie

LEDUC

Sommaire

Avant-propos

Chaque pas est une leçon de vie. Au fil de l'écriture de cet ouvrage, ce titre s'est imposé comme une évidence. Au fur et à mesure que je me racontais, j'ai pris conscience que mon humble parcours de vie serait, sans l'ombre d'un doute, catalogué comme très « atypique ». S'il a été, de prime abord, guidé par l'amour, il a bifurqué ensuite, à ma grande surprise, vers un lieu d'apprentissage et de performance non traditionnel, celui des cours de danse. J'ai commencé la danse à l'âge de 10 ans, en apparence pour mieux comprendre cet art. En réalité, je le faisais pour être en présence de ma dulcinée, pour passer du temps avec celle que j'aimais et que j'aime encore. Mais j'ai rapidement doublé la mise : non seulement j'y ai trouvé mon âme sœur, mais aussi un environnement parfait pour moi, ma voie, mon chemin. Au début, j'étais loin de réaliser qu'à chaque cours, qu'à chaque pas ou qu'à chaque chorégraphie que j'apprenais, je m'ouvrais à une compréhension qui dépassait largement le cadre du mouvement et du rythme. J'apprenais tout simplement à vivre.

À chaque cours, je tentais de gagner en maîtrise et en expérience pour devenir redoutable et respecté des autres danseurs. Très souvent, le processus d'apprentissage réveillait en moi divers comportements, et ce à travers une panoplie d'émotions. J'avais une prédisposition à être le bon élève et un compétiteur appliqué mais bizarrement, l'exposition à ce nouveau monde et à ce nouveau défi de bien danser a révélé mon petit côté… guerrier, acharné, assoiffé. Ces leçons de danse vont bien au-delà de la compétition. Mes professeurs, pour la plupart, ont été de grands pédagogues. D'autres l'ont bien sûr été beaucoup moins, mais toutes et tous m'ont communiqué un grand nombre de valeurs. Toutes et tous prêchaient que le travail paie. Sans surprise, le fruit de mon labeur ne m'a pas forcément rendu toujours le meilleur, mais les fondements et la signification de ces leçons sont restés applicables en tout temps. J'ai aussi compris que l'éducation et les enseignements que j'ai reçus, que ce soit lors des cours de danse, à l'école, en famille ou dans la rue, d'hier à aujourd'hui, sont remplis de vertus, certaines parfois insoupçonnées.

J'ai assimilé toutes ces leçons et je continue à les appliquer au quotidien, et cela dans toutes les sphères de ma vie. Mes leçons de cha-cha et de valse m'ont appris à compter, à me déplacer, à mieux bouger, mais aussi à mieux me comprendre et à mieux comprendre les autres. Ces leçons ont forgé mon caractère, ma résilience et, par-dessus tout, m'ont aidé à m'épanouir.

Le plus important est de trouver sa place, son lieu – ou plutôt le bon lieu – pour s'ouvrir et se développer comme être humain. Et effectivement, les leçons de vie sont partout sur notre route. Peu importent la destination et le moment, il y aura toujours quelque chose à apprendre, à retenir ou à ne plus refaire. L'essentiel est de toujours accorder nos choix avec nos valeurs. Quelle que soit la discipline, qu'elle soit plus académique ou plus physique, quelles que soient la rue, l'avenue ou l'autoroute empruntées, vos valeurs doivent impérativement et ultimement vous guider. Avec toutefois une petite mise en garde : réservez-vous toujours des portes de sortie pour changer de direction en cas de mauvaise décision. Car à la lumière de certaines leçons, on doit parfois se retirer, afin de se sortir d'une situation qui peut devenir négative ou destructrice.

Pour ma part, je n'ai aucun regret d'avoir pris le chemin de la danse, cet itinéraire un peu inhabituel pour un garçon de ma génération. Ce trajet que j'ai suivi m'a exposé à mes propres leçons, et à celles que j'ai reçues. Leurs bienfaits sont devenus mon socle, très souvent ma boussole, mon nord. Et je n'hésite jamais à en faire bénéficier quiconque veut les écouter.

De toutes les situations que j'ai vécues, de la plus drôle à la plus triste, je m'efforce toujours de ne tirer que le positif. De ne pas garder le goût amer qu'elles peuvent m'avoir laissé, mais uniquement leurs solutions, leurs enseignements.

Ceux-ci me suivent, m'aident à poursuivre ma vie, à traverser les épreuves, les tempêtes, et c'est justement cela que je veux partager avec vous dans ce livre. Si mon parcours ressemble au vôtre, si les leçons que j'ai reçues vous parlent et qu'elles vous aident à avancer dans votre propre vie, alors mon livre aura servi au moins à ça.

Combien de leçons ai-je apprises dans ma vie ? Des milliers, sans aucun doute. Et je continue aujourd'hui à en accumuler chaque jour. À chaque fois, j'ai dû puiser dans mes ressources personnelles intérieures pour les comprendre. J'ai dû me réinventer, négocier avec mes propres démons, parfois me défendre contre moi-même pour ne pas perdre pied. Ces situations ou défis de la vie ont tour à tour marqué mon passé, créé mon présent, et vont façonner mon futur. Elles ont par la même occasion fait de moi l'homme que je suis devenu. Cette valse à trois temps qu'est ma vie ne ressemble à aucune autre, parce que nos parcours sont uniques. Mais comme la grammaire ou les mathématiques, les principes et les formules sont applicables à une multitude de problèmes. Et en passant, je me suis souvent retrouvé comme l'exception qui confirmait la règle…

Petit conseil : pour être heureux dans votre futur, fixez-vous des objectifs dans le présent et faites-vous confiance. Et comme dans la danse, tenez le rythme et ne lâchez rien jusqu'à la dernière note.

La valse, c'est aussi une référence à ce rythme qui monte puis redescend : les pros de la danse parlent du *rise and fall*. Depuis le tout début, je valse avec ma vie pour suivre ma musique, celle que j'ai moi-même choisie. 1-2-3… Je monte très très haut en émotions pendant un super spectacle ou une émission où tout a été parfait. Je redescends ensuite tranquillement, dans la voiture où le chauffeur me complimente sur mon envolée oratoire qui s'est terminée par un « Et ça, j'achète ! » ou un « Oh là là chihuahua ! » qui a fait sourire tous les visages. Et puis je retombe très bas quand, en France, je retourne dans ma chambre d'hôtel vide, à 5 500 km de ma famille.

1-2-3, 1-2-3, ce rythme est partout dans ma vie… comme dans la vôtre. Je pense fondamentalement que nous avons toutes et tous notre propre valse à danser. Que vous ayez déjà choisi votre partenaire ou pas, que vous soyez au début, au milieu ou à la fin de votre valse, j'espère que mon histoire vous permettra d'une part de mieux me comprendre et, d'autre part, qui sait, de mieux vous comprendre. Vous verrez très vite que les *rise and fall* de la vie arrivent même aux personnes publiques qui, parfois, ménagent les apparences.

Dans mon cas, je vous jure que cette exubérance et ce côté extraverti ne sont pas une façade, je suis pleinement et naturellement investi dans tout ce que je fais. Mon métier, qui est difficile à définir, est devenu ma came, mon exutoire, ma soupape de décompression, ce qui me permet de survivre aux moments plus noirs de ma vie. Il me permet de trouver une forme d'équilibre dans les remous de ma valse qui tourbillonne parfois sans ma partenaire, dans ces montagnes russes d'émotions imposées par le rythme effréné d'une carrière qui m'amène aux quatre coins de la planète.

Certains diront que c'est la rançon de la gloire. Sauf qu'une rançon, c'est ce que l'on exige pour mettre fin à un kidnapping. Moi, j'ai demandé et même commandé mon enlèvement. J'ai souhaité, je souhaite et je souhaiterai que ma valse ne s'arrête jamais. J'accepte en mon âme et conscience le 1-2-3, les montées et les descentes qui sont inévitables. Mais les aléas du spectacle et de ma vie requièrent aujourd'hui une introspection, qui me pousse dans mes retranchements. C'est ce que vous lirez dans ces pages : la valse de vie d'un homme face à ses choix.

Introduction

La promesse faite à mon père

« C'est bien beau, la danse, mais te sens-tu capable de subvenir aux besoins d'une famille ? » Toute ma vie, cette phrase de mon père a résonné dans ma tête. Elle aurait pu me bloquer, me stopper, me paralyser. Mais en réalité, elle a orienté chacun de mes choix, m'a poussé à me dépasser, à assumer qui j'étais. Elle m'a fait douter, aussi, à certains moments de mon existence, mais elle m'a toujours poussé en avant. Si je suis la personne que je suis aujourd'hui, c'est sûrement en partie à cause de cette phrase.

Mon père était, en apparence, tout le contraire de moi. Comptable, son chemin était bordé à droite et à gauche par des colonnes de chiffres. À ses yeux, la danse n'était pas un sport, ni un métier, et encore moins pour les hommes. Cela ne rentrait pas dans ses cases. Je danse depuis que j'ai 10 ans, et il a mis six ans avant d'accepter de venir me voir évoluer sur un parquet. Il ne comprenait pas pourquoi j'avais choisi cette activité, et pensait même que j'avais certains penchants homosexuels. Alors qu'en réalité, c'était tout le contraire : si j'ai choisi de faire de la danse, c'est pour l'amour d'une fille. Une fille qui, alors que je n'avais que 9 ans, m'a explosé le cœur d'un simple regard. Quelques années après, cette fille, France, est devenue ma femme, ma partenaire de danse, ma partenaire de vie et la mère de mes enfants.

Mais je me dois de remettre les choses dans leur contexte. À l'époque, au début des années 1970, pour mon père, Marcel Généreux, vivre de sa passion artistique est réservé aux marginaux. Or je suis moi-même un marginal au sein de ma propre famille. Je suis le dernier d'une fratrie de six enfants. Pour la petite histoire, ma mère a eu deux « lots » de trois enfants, avec une longue pause de treize ans entre les deux salves. Résultat : j'ai quinze ans de différence avec Françoise, vingt ans d'écart avec Raymond et vingt-trois ans avec ma sœur aînée, Monique. En 1962, celle-ci et ma mère sont tombées enceintes en même temps ! Et le hasard a voulu qu'elles se retrouvent dans la même chambre à l'hôpital. Elles ont donné naissance à leurs enfants respectifs à une journée d'intervalle : moi le 25 décembre, et ma nièce Guylaine le 26. Incroyable, mais vrai ! Je suis donc devenu oncle moins de vingt-quatre heures après ma naissance.

Je débarque dans la famille Généreux après les deux filles du « deuxième lot », Anne-Marie et Isabelle. À la maison, il n'y a aucun jouet de garçon. Et moi, je n'ai très vite qu'une envie : sortir de la maison et grimper sur les murs. Un jour, alors que je n'ai que 5 ou 6 ans et que j'étais sous la garde de ma sœur Françoise, j'ai décidé de m'échapper par la fenêtre. Nous habitions au deuxième étage, j'ai noué des draps, et je me suis échappé. Mais je n'ai pas été capable de remonter, et j'ai dû frapper à la porte pour revenir à la maison. Imaginez un peu la tête de ma sœur… J'ai eu très tôt l'âme d'un aventurier. Et j'ai aussi très tôt débarqué sur le marché de l'amour. J'étais en maternelle quand j'ai eu le premier béguin de ma vie (car oui, j'ai eu une vie avant France !). Elle s'appelait Kathia, et j'ai sacrifié toutes mes économies de l'époque pour lui acheter une corde à danser[1] et un livre à colorier.

En réalité, et je l'ai compris longtemps après, avec le recul de la maturité, mon père se faisait du souci pour moi. J'ai débarqué dans sa vie alors qu'il avait déjà 49 ans, j'étais le petit dernier, il ne voulait sûrement pas me « rater ». Mon père a lui aussi dû se battre pour subvenir aux besoins de sa famille. Alors qu'il était

1. Une corde à sauter.

encore tout jeune, son père, ferblantier, est mort à la suite d'une chute d'un toit. Comme tous ses frères, il a alors dû abandonner ses études pour travailler et rapporter de l'argent à la maison. Il s'est mis à faire du troc sur le port de Montréal, échangeant des marchandises de bateau en bateau. C'est ainsi qu'il a appris cinq ou six langues. Ma débrouillardise, je pense que je la tiens un peu de lui. Mon père était, de nature, intellectuel, un homme très intelligent et érudit. Il faisait aussi du tutorat auprès d'étudiants, souvent plus âgés que lui, qui allaient passer des examens à l'université. Frustré de ne pas pouvoir lui-même faire des études, il a décidé de suivre une formation à distance pour devenir comptable. Génie des chiffres, il est ainsi devenu génie de la comptabilité. Ses clients, pour la majorité des grosses entreprises, l'appréciaient beaucoup, car c'était un pro de l'optimisation fiscale.

Et puis un jour, mon père a rencontré ma mère. Ils se sont mariés, et ont eu leurs trois premiers enfants, à Montréal, avant de déménager « en banlieue », à Saint-Hubert, sur la rive sud du Saint-Laurent. C'est là que je suis né, comme mes deux sœurs juste avant moi. J'ai grandi dans une maison entièrement fabriquée par mon père. À l'époque, au début des années 1960, c'était monnaie courante. Un jour, alors que j'étais petit, mon père a émis l'idée de partir s'installer en Californie. Mes parents sont partis en voiture, direction L. A.

(imaginez un peu la distance entre le Québec et Los Angeles : 4 580 km !). Mon père y avait même décroché un poste. Mais ma mère a mis son veto. Hors de question de déménager. Elle ne se voyait pas élever trois enfants aux États-Unis alors que les trois autres, déjà grands, vivaient au Québec. Je suis donc resté québécois. J'aurais pu écrire ce livre en anglais, en tant qu'Américain, mais c'est en français que je l'ai fait.

Mon père était le Roi Lion de la famille. C'était la locomotive sur laquelle tout le monde comptait. Et c'est pour cela, sûrement, qu'il ne s'est jamais autorisé à exploiter son côté artiste. Car oui, lui aussi avait une fibre artistique incroyable. Je ne parle pas bien sûr de la danse. Ce n'était pas son truc. Les pas de mon père se résumaient à : gauche, droite, arrière, avant. Mais il dessinait extraordinairement bien. Il n'écrivait pas les chiffres, il les dessinait, c'était de la calligraphie ! Il était magnétique, rapide avec les mots et avec les idées. Quand il parlait devant la famille ou une salle bondée, tout le monde l'écoutait, c'était magique. C'était un homme qui avait du rythme, à sa façon, et c'était aussi un vrai créatif. Ses clients l'adoraient car il avait toujours de bonnes idées. Je pense très humblement que j'ai hérité d'une certaine partie de sa créativité.

Je lui ressemble bien plus que ce que j'ai longtemps cru. Sa ténacité, son engagement, sa bougeotte, sa débrouillardise, son inventivité, son envie de toujours se dépasser… tout cela fait partie de moi. Je suis les pas de mon père. Mais ma valse est différente de la sienne, non dépourvue d'élévations abruptes ou de descentes à l'emporte-pièce. Si j'ai fait le choix, très jeune, d'une carrière artistique, c'est parce que je pouvais me le permettre. Nous n'étions pas riches, mais j'avais un toit sur la tête, et trois repas par jour dans l'estomac. Et en réalité, c'est mon père qui m'a offert tout cela, c'est lui qui m'a donné la possibilité d'assumer ce choix qu'il n'a pourtant jamais accepté. Il n'a jamais voulu payer mes cours de danse mais, finalement, il le faisait quand même indirectement en donnant de l'argent à ma mère. Il n'était pas d'accord avec ma décision de danser, mais il ne me l'a jamais interdit. Il m'a laissé faire mes choix, et ce sont eux qui m'ont amené ici aujourd'hui.

Chapitre 1
Bonjour Paris !

Juillet 2024. Au moment où je commence l'écriture de ce livre, on vient de m'annoncer que je ferai partie de la saison 14 de *Danse avec les stars* (DALS). Le coup de téléphone avec Jérémie Gougeon, de la BBC, a été relativement *short*, mais très réjouissant. *Short*, car je pense qu'il voulait surtout que je lui réserve certaines dates, ma visibilité au Québec ne cessant de grandir grâce à la popularité de *Révolution*, cette incroyable émission de danse qui m'a en quelque sorte fait renaître dans le paysage télé francophone du Québec. Très réjouissant, car je mesure à nouveau la chance qui m'est offerte de vivre cette extraordinaire aventure française, qui va démarrer dans quelques semaines.

Déjà la quatorzième saison ! Dans ma tête défilent alors les quatorze dernières années incroyables que je viens de vivre… Dix saisons enchaînées non-stop, mon absence sur la saison 11 et les grosses remises en question qui l'ont accompagnée, ma réapparition éclair, comme un cheveu sur la soupe, lors de la saison 12, puis ce retour en grâce que j'espérais tant sur la saison 13… Le moins que l'on puisse dire, c'est que ces dernières années n'ont pas été un long fleuve tranquille. Il s'est passé tellement de choses depuis ce samedi 12 février 2011 où le public français a vu débarquer sur son écran ce petit Québécois totalement inconnu à l'accent incompréhensible et qui parlait trop (et même beaucoup trop) vite. Et aussi parfois un peu trop fort. Alors, par où commencer ? Par le début, sûrement… car en réalité, mon histoire d'amour avec la France était loin d'être gagnée dès le départ.

Parfois une petite rétrospective, un petit regard dans le rétroviseur nous aide à mieux évaluer le chemin parcouru et à mieux comprendre les leçons du passé, pour mieux les appliquer dans le présent.

C'est du sérieux !

L'aventure *Danse avec les stars* a démarré fin 2010. À l'époque, j'ai raccroché mes chaussures de danseur professionnel depuis un petit moment... Ça fait une bonne décennie que je travaille davantage avec ma tête qu'avec mes pieds. Le travail de concepteur, de chorégraphe et de juge sollicite en effet d'autres parties de mon cerveau. J'ai alors la chance – que dis-je : l'honneur ! – de le faire pour de grosses productions américaines, comme les émissions *So You Think You Can Dance* (SYTYCD) aux États-Unis et au Canada, où je peux m'épanouir artistiquement depuis plusieurs saisons déjà. Je suis justement en plein recrutement de nouveaux danseurs pour la prochaine édition de la version canadienne de SYTYCD à Calgary quand je reçois cet appel qui va chambouler ma carrière. Je vous avouerai que cette période de recrutement est toujours un peu intense : je prends mon rôle très au sérieux car, pour les danseurs, les auditions restent un moment très exaltant, mais aussi parfois fatidique.

Au bout du combiné, c'est une femme, une Française. Je le reconnais tout de suite à son accent assez prononcé. Je ne me souviens plus de ses propos exacts, mais elle m'explique en substance qu'elle m'appelle de la part de Jean-Louis Blot, directeur général de BBC Studios France. Celui-ci lance un casting pour une nouvelle émission qui s'appellera *Danse avec les stars*, émission qui existe déjà en Angleterre sous le nom de *Strictly Come Dancing* depuis 2004, aux États-Unis sous le nom de *Dancing with the Stars* depuis 2005, et dans bien d'autres pays encore. Bref, c'est du sérieux ! Mais je ne comprends pas vraiment pourquoi on m'appelle moi… Je ne connais pas ce M. Blot, mais apparemment, lui a déjà entendu parler de moi. J'apprendrai après coup que mon nom lui a été donné par l'un des directeurs de la maison de production québécoise Trio Orange, Éric Hébert (qui la dirige avec Pierre Paquet et Carlos Soldevila). Je ne connais aucun d'entre eux, mais Éric, lui, m'avait repéré sur l'émission *So You Think You Can Dance*. On me dira plus tard qu'il m'a décrit comme « un mec qui a une pêche d'enfer, beaucoup d'énergie, et qui plaît au public ». Et en plus, comme je suis québécois, je parle français. La belle aubaine pour la télé française. Je rencontrerai ce fameux trio quelque temps plus tard et nous créerons ensemble treize épisodes d'une émission intitulée *Tout le monde danse avec Jean-Marc Généreux*, sur les danses latines. En résumé, une personne qui m'était totalement inconnue m'a recommandé à un producteur d'un pays étranger pour un job de rêve… Quelles sont les *odds*[2] que ça arrive dans une vie ?

Ceci est la preuve que l'on ne connaît pas toutes les personnes qui nous regardent, que les images qu'on laisse derrière nous peuvent nous être bénéfiques. À chaque moment, nous sommes en audition. La vie est un grand casting.

2. Probabilités.

Mais revenons à ce fameux coup de téléphone. Mon interlocutrice – une certaine Clémentine si je me souviens bien – m'explique qu'elle a besoin d'images de moi dans l'exercice de mes fonctions, mais en français s'il vous plaît. Malheureusement pour elle, et surtout pour moi, à ce jour, j'ai toujours, au niveau télé, travaillé en anglais. Or la production française veut savoir comme je « sonne » en français. Les images d'archives de mes différentes prestations ne conviennent donc pas, et il va falloir que je tourne une vidéo spéciale. Aujourd'hui, cela peut paraître très simple à faire, mais à l'époque, en 2010, les téléphones n'étaient pas aussi « smart » qu'aujourd'hui (au Québec, nous appelons cela des « téléphones intelligents »). Les réseaux sociaux, FaceTime et autres outils de ce style permettant de réaliser des vidéos promotionnelles n'existent pas vraiment. Les temps ont bien changé ! J'aurais pu demander à la chaîne CTV (qui diffuse *SYTYCD Canada*) de le faire pour moi, mais on aurait perdu du temps sur la route avec les équipes de prod. Alors je décide de me débrouiller par mes propres moyens.

Je demande à un ami, Martin Lefebvre, de bien vouloir me filmer. Nous tournons dans le sous-sol de sa maison en banlieue de Calgary, sans éclairage ou presque. Côté qualité, ce sera donc très approximatif. J'improvise totalement : « Bonjour, je suis Jean-Marc Généreux du Canada… » Et le blablabla commence.

Je parle de mon parcours de danseur professionnel, de mon parcours comme chorégraphe, du fait que France Mousseau (ma super partenaire et ma femme depuis la nuit des temps !) et moi, nous avons fait trois fois le tour du monde pour nos compétitions et nos spectacles, que je juge présentement[3] sur *So You Think You Can Dance* au Canada et dans quelques semaines aux États-Unis. Deux minutes où je raconte ce qui me passe par la tête, car je ne sais pas vraiment ce que l'on attend de moi... Le tout enregistré sur une caméra super-huit (ces bonnes vieilles caméras que l'on utilisait à l'époque pour faire des souvenirs de famille). Il faut ensuite transférer la vidéo sur un DVD, que j'envoie par la malle[4]. J'ai l'impression de lancer une bouteille à la mer, et qu'elle n'arrivera jamais nulle part... En fait, pour être tout à fait honnête, je ne crois pas trop à ce projet. J'ai déjà une belle carrière de juge dans les mondiaux de danse sportive, de coach partout sur la planète et de chorégraphe aux États-Unis et au Canada. Mon assiette est déjà pleine, et je n'ai pas vraiment de temps à consacrer à d'autres projets. Et pourquoi les Français s'intéresseraient-ils à un petit Québécois comme moi ?

Ma bouteille à la mer arrive finalement jusqu'en France, sauf que l'enregistrement n'est pas au bon format... NTSC, PAL : pour moi, c'est du chinois tout ça !

---

3. Que je suis actuellement juge sur...
4. Par la poste.

Impossible de le lire, un vrai sketch ! Deuxième essai, et cette fois, c'est le bon. Trois semaines plus tard, je reçois un nouvel appel de la fameuse Clémentine. Elle a une mauvaise et une bonne nouvelle. La mauvaise nouvelle, c'est que la qualité de la vidéo est vraiment nulle (ce qui n'est pas très surprenant pour une vidéo faite maison). La bonne, c'est que la production m'a trouvé « intéressant »... Oui : « intéressant ». Et « drôle » ! Ils me proposent de venir en France rejoindre l'aventure *Danse avec les stars*. Je suis abasourdi, mais aussi, bien sûr, super flatté ! Cependant, avant de leur donner une réponse, il faut que j'en parle à France. Si je dis OK à ce projet, je vais devoir voyager de l'autre côté de l'Atlantique et passer sept semaines loin de mon pays, de ma femme et de mes enfants, et de mon boulot. Je ne peux pas prendre cette décision seul et laisser en plan toute ma famille. Notre fils Jean-Francis vient d'avoir 14 ans, il est déjà grand et ce ne sera pas un problème pour lui (en tout cas, c'est ce que je crois sur le moment, je vous reparlerai de l'impact que cela a eu sur mon fils plus tard dans le livre). Mais notre fille Francesca, 11 ans à l'époque, est une enfant avec des besoins particuliers : elle souffre du syndrome de Rett, une maladie neurologique grave et irréversible, et elle nécessite une présence permanente à ses côtés, en raison de ses crises d'épilepsie et d'hyperventilation. Elle a perdu toute autonomie, elle ne parle plus, et ne fait pas ses nuits de façon continue. Au quotidien, c'est un vrai combat. Par ailleurs, j'ai déjà de nombreux autres engagements au Québec, des cours à donner, des professionnels à entraîner… Et puis sept semaines, ce n'est pas rien, même si la production me promet que je pourrai revenir au Québec deux fois pendant cette période. Avec France, ma complice de toujours, nous n'avons jamais vécu aussi loin l'un de l'autre pendant aussi longtemps.

Comme à son habitude, France réagit de manière pragmatique. Après une très courte réflexion, elle s'exclame :

— Allez, vas-y. Va t'amuser. Je suis derrière toi. Et puis sept semaines, ce n'est pas la fin du monde, il faudra juste qu'on réorganise ton planning.

Les jours qui suivent, je passe quelques heures à reporter un maximum de mes rendez-vous. Les gens se montrent très compréhensifs, et un grand nombre d'entre eux me souhaitent bonne chance pour cette nouvelle aventure. Je finis ma troisième saison de *SYTYCD Canada* comme juge en chef en décembre, émission qui rencontre encore une fois un immense succès auprès de l'auditoire anglophone du pays. La chaîne CTV est un peu l'équivalent canadien de TF1, un énorme réseau de télévision généraliste privé. Et pour y rester, il faut être solide et performer, car les annonceurs demandent des résultats. Mon nom est très souvent cité comme un élément positif dans les émissions auxquelles je participe. J'espère bien obtenir les mêmes réactions de l'autre côté de l'océan. Je croise les doigts, et même les orteils s'il le faut, mais en tout cas, dans ma tête, je suis prêt à tout pour relever ce nouveau challenge.

Quelques jours avant mon départ pour la France, on m'envoie par mail une grosse brique[5] d'informations, que je survole assez vite. Oh là là chihuahua, je n'y comprends presque rien. On y parle de « primes » (aucune idée de ce que cela veut dire car, au Canada et aux États-Unis, on n'utilise pas ce mot tout seul, mais uniquement dans l'expression « prime time », pour heure de grande écoute) et de « magnétos » (aucune idée non plus de ce que c'est !), avec une dizaine de pages de texte que je vais devoir enregistrer une fois sur place. Intitulés « Le tour du monde des danses avec Jean-Marc Généreux », ces magnétos sont des petites explications des différentes danses, et ils seront insérés dans les deux ou trois premiers primes de DALS. Je vous avouerai que, pour l'instant, tout cela est bien flou pour moi…

5. Un gros dossier.

Le baptême du feu

Le soir du 6 février 2011, je monte à bord de l'avion qui m'amène en France. La prod a tout mis en œuvre pour que je voyage confortablement, sachant très bien que chaque minute sera comptée à mon arrivée. Mais je suis alors loin de m'imaginer le niveau d'intensité avec lequel les choses vont se dérouler. Le vol Montréal-Paris est d'environ sept heures, j'ai donc le temps de jeter un coup d'œil au gros dossier que l'on m'a fait parvenir. Tout se bouscule dans ma tête : je sais que je dois dormir pour être efficace (attention au jet-lag), mais je veux mémoriser le plus d'informations possible sur le casting, sur les danseurs pros et sur le petit tournage qui m'attend… Résultat des courses : pris dans un mélange de fébrilité et de questionnements, je ne cesse de ruminer. Le hamster n'arrête pas de tourner dans ma tête.

À l'aube du 7 février, j'atterris à Paris-Charles-de-Gaulle après une drôle de nuit sur la corde à linge[6]. Je récupère mes valises qui, soit dit en passant, renferment suffisamment de caleçons et de paires de chaussettes pour ne pas avoir à faire de lessive avant mon prochain retour à Montréal. Le côté « pratico-pratique » d'abord, car la lessive n'est pas mon fort, et j'ai toujours laissé cette tâche à ma femme (eh non, je ne suis pas parfait ! Mais je précise toutefois que, l'hiver, c'est moi qui vais

6. Passer une nuit sur la corde à linge : passer une nuit agitée.

pelleter la neige quand il fait moins - 40 °C). Un chauffeur m'attend avec une petite pancarte où est inscrit : « DALS J.-M. Généreux ». Ça y est, cette grande et nouvelle aventure commence, je ne peux plus faire marche arrière. Mais je ne sais pas encore à quel point DALS va changer ma vie. Je me présente rapidement au chauffeur qui, lui, s'empresse de m'annoncer qu'il m'emmène directement « à l'Olivier » pour le tournage. Mais c'est qui ça... Olivier ? Et de quel tournage me parle-t-on ? Il me faut quelques minutes pour comprendre qu'Olivier est le nom du studio d'enregistrement, et que ce tournage, c'est celui des fameux magnétos qu'on m'a présentés par mail. Les affaires sérieuses commencent, et sur les chapeaux de roue !

Yo, on se calme le pompon[7] ! *Just a minute my friend*, ça va trop vite. S'amorce un bref échange entre moi, la prod et le chauffeur, et nous en concluons qu'un stop rapide à l'hôtel s'impose. Cela va me permettre de déposer mes bagages. Je dois négocier quelques minutes supplémentaires pour pouvoir prendre une douche. Après une nuit dans l'avion et sept heures de vol, j'estime que c'est pour moi un minimum vital. Il est donc à peine 10 heures quand j'arrive au studio de l'Olivier, à Malakoff, pour enregistrer mon premier magnéto. Je suis accueilli par Volodia Guinard. C'est un gars adorable et on peut tout

7. On garde la tête froide, on se détend.

de suite voir qu'il est super pro. À peine lui ai-je dit bonjour que je vois son visage blêmir : il vient de réaliser que je suis un Québécois « pure laine », un vrai de vrai ! Et donc que j'ai un accent très prononcé, et que c'est loin d'être gagné. J'ai l'impression que je peux lire dans ses pensées : « Mais comment je vais faire avec ce type-là, et avec aussi peu de temps ? » Pour l'instant, pas le choix, il va falloir faire avec moi. Volodia m'emmène donc dans une petite pièce où l'on me maquille et on me coiffe. À la vitesse de l'éclair, j'enfile une belle chemise blanche, un smoking noir et un nœud papillon, puis direction le studio où toute l'équipe m'attend depuis déjà quelques heures (la circulation parisienne et mon détour à l'hôtel n'étaient pas prévus au planning, oupsi !).

Je découvre un minuscule plateau de 20 m^2. Il y a là un fond vert, un scooter rouge, une tonne d'équipements d'éclairage, et bien sûr une grosse caméra pointée sur moi… On me demande de m'installer sur le scooter, d'enfiler un casque et de réciter mon texte. C'est assez laborieux, je ne suis pas très à l'aise. Je ne connais pas vraiment mon texte (je pensais avoir plus de temps pour l'apprendre en arrivant en France). Et surtout, je sens bien que mon accent coince un peu, même beaucoup.

Mon débit de parole et le volume aussi, d'ailleurs. Mais Volo se montre très gentil et très patient.

« Jean-Marc, on ne comprend pas bien ce que tu dis » ou encore « Jean-Marc, on ne dit pas ça comme ça ici ». Par moments, Volo me laisse improviser, sauf que c'est encore pire. Et puis reviennent sans cesse ces phrases : « Jean-Marc, tu peux parler un peu moins vite ? », « Et un peu moins fort aussi ? » Bref, je passe treize heures sur ce fameux scooter rouge. Le tout avec six heures de décalage horaire dans les dents, je ne vous raconte pas mon état à la fin de la journée. Un vrai baptême du feu ! Après toutes ces heures de travail intense, les vidéos sont enfin dans la boîte. J'ai appris à la dure la signification du mot « magnéto ».

Et je retiens de cet épisode que dans toute situation, il faut toujours anticiper les choses et prendre de l'avance (et en l'occurrence, pour ce qui me concerne, mémoriser mes textes), et ne jamais présumer que l'on aura le temps, surtout avec tous les impondérables indissociables de tout nouveau projet.

Quand je suis arrivé au studio de l'Olivier, il faisait jour ; quand j'en ressors enfin, il fait très très noir et la lune brille de tous ses feux. Volodia reste quelques minutes à mes côtés sur le trottoir et me dit qu'il est heureux de travailler avec moi. Je sens sa sincérité. Il remercie la prod d'avoir fait appel à moi malgré mon accent de bûcheron canadien, et me dit que mon ardeur au travail et mon côté volontaire et perfectionniste m'aideront dans le futur. Si tous les réalisateurs sont aussi gentils et sympas que lui, me dis-je, mon apprentissage sera sûrement un peu plus facile.

Comme dans la danse, je n'hésite jamais à m'engager à fond, sans en faire trop bien sûr. Le volontarisme et le perfectionnisme sont généralement appréciés des équipes, car même si le résultat est pénible à obtenir, la récompense, à savoir le respect, est au rendez-vous.

Volodia a été mon premier mentor sur le sol français. Il disparaîtra malheureusement de manière tragique quelques années plus tard, en mars 2015, dans un accident d'hélicoptères sur le tournage de l'émission *Dropped* produite par ALP, en Argentine. Cet homme a été très important dans ma carrière, il m'a aidé à faire mes premières armes à la télé française. Après cet épisode de tournage sur mon scooter rouge, nous nous croiserons très souvent. Il trouvait toujours les bons mots pour m'aider et pour aider les autres. Il n'était jamais dans le jugement, mais toujours dans la compréhension. Il cherchait toujours le bon angle pour aborder et résoudre un conflit. L'efficacité incarnée ! Il était surtout doté d'une grande empathie. Lors de notre premier contact, il était devenu un ami. Tu me manques, mon cher Volo, et tu manques à nombre d'entre nous.

À Paris sans ma France

Le lendemain arrive très vite après une nuit très courte. Les heures de sommeil devront attendre, je dois me préparer subito presto, car le chauffeur m'attend en bas de l'hôtel. Je saute dans la voiture, sourire aux lèvres, direction Boulogne-Billancourt pour la première rencontre officielle avec mes patrons, et avec mes deux nouveaux partenaires de jeu, au siège de TF1. Le chauffeur emprunte un chemin similaire à la veille, mais cette fois, le temps ne joue pas contre moi. On a même un peu d'avance sur mon planning, ce qui a un effet direct sur ma respiration. Je me sens plus détendu, même si les prochaines heures vont être très importantes. Je sais que je dois faire « bonne impression ». Car une première impression reste une première impression.

N'étant pas dans l'urgence, je peux prendre le temps de regarder le paysage par la fenêtre de la berline. Plus besoin de me plonger dans tous ces textes qui me parlent de l'origine du cha-cha. Alors que la voiture s'immobilise au feu rouge, j'admire, par un drôle de hasard, la fontaine du Trocadéro à ma droite, et de l'autre côté la tour Eiffel dans toute sa splendeur ! Dans ma jeunesse, France et moi avons participé à plusieurs compétitions en Europe, et notamment en France. Lors de l'un de nos voyages à Paris, nous sommes montés en haut de cette Dame de fer. Ce matin-là, je suis à Paris sans ma France. Je réalise subitement que cette fois, France ne sera pas auprès de moi physiquement pour me pousser à me dépasser ou pour me relever en cas d'échec. Je regarde les nombreux détails que M. Eiffel a inclus dans ce chef-d'œuvre emblématique de ce grand pays, cette grande nation. Le tout avec beaucoup d'émotion, mais aussi un peu de nostalgie, parce que ma dame de fer à moi, ma France, est à plusieurs milliers de kilomètres.

Nous reprenons la route, et vingt minutes plus tard, nous nous arrêtons devant une autre tour, tout en verre cette fois. La tour de TF1 surplombe également la Seine, mais de l'autre côté. Et je dois vous dire que, vue du périphérique, elle ne semble pas aussi géante que la tour Eiffel. J'entre dans cet endroit qui est gardé comme une forteresse et, après identification, je me rends directement au bureau du grand manitou, « Fred P. ».

À peine arrivés, nous passons rapidement aux présentations. Je donne la main[8] pour la première fois à Frédéric Pedraza, grand producteur à TF1 Production, à Déborah Nahon, productrice et chef du projet, et au fameux Jean-Louis Blot, président de

8. Serre la main.

BBC Studios France. Sans oublier la fabuleuse et ravissante Alessandra Martines, que je n'avais pas eu encore le plaisir de croiser dans ma carrière, et qui m'impressionne déjà par sa taille (elle fait deux têtes de plus que moi), sa classe, sa beauté et son naturel. Elle correspond parfaitement à son image d'actrice et de danseuse étoile de l'Opéra de Paris. Il y a aussi celui qui deviendra mon indéfectible copain, Chris Marques. Celui-ci arbore un brushing vraiment très avant-gardiste (je soupçonne que sa banane capillaire a été une inspiration pour toute une génération, mais dix ans plus tard). Chris est danseur professionnel, comme moi. Et comme moi, il a rencontré très jeune sa partenaire de danse et de vie, sa femme Jaclyn Spencer. Il s'est exilé pour sa carrière en Angleterre, le pays natal de Jaclyn et aussi celui du programme *Stricly Come Dancing* (la version anglaise de DALS). Chris est beaucoup plus jeune que moi, nous sommes de deux époques différentes. J'ai forcément déjà entendu parler de lui, car il a participé à plusieurs compétitions en Grande-Bretagne, comme le Blackpool Dance Festival, et je les connais notamment pour leur participation, avec sa femme, au spectacle *Burn the Floor*, qui tourne dans le monde entier depuis 1997. Et surtout, il a été champion du monde de salsa. Nous avons aussi beaucoup d'amis en commun. Nos routes se sont déjà croisées, mais je n'avais jamais eu de contact formel avec lui.

Entre nous trois, les premiers contacts sont hyper faciles. Ça passe crème, comme on dit. La complicité s'installe très rapidement. Mais nous ne sommes pas là juste pour papoter... À J - 4, nous n'avons pas de temps à perdre, et les producteurs nous le font bien comprendre. Fred nous explique les enjeux de l'émission. Notre mission – et nous l'acceptons –, c'est de créer un nouveau divertissement, de fidéliser l'audience avec un rendez-vous rempli de strass et de paillettes, et notamment de « déringardiser la danse de salon ». Wow, déringardiser : rien de moins ! Je saisis vite que lorsqu'il s'exprime, Fred se montre très direct, incisif et sans détour. Il insiste aussi sur le fait qu'une partie de cette nouvelle proposition télévisuelle repose sur le jury. Fred, Débo et Jean-Louis connaissent parfaitement le public visé et, avec du recul, je comprends mieux leurs inquiétudes de producteurs sur les goûts des téléspectateurs de l'Hexagone. Car effectivement, le public français est différent du public anglo-saxon ou américain : il y a un vrai enjeu de perception du ballroom et de son image qui sont, chez les Français, associés à une autre époque et à d'autres mœurs. Ce public sera-t-il au rendez-vous ? Si aujourd'hui nous connaissons la réponse, rien n'est moins sûr en 2011. Entrer dans tous les foyers des Français un samedi soir en prime time sur la plus grande chaîne d'Europe avec de la danse de salon : voilà un beau challenge, presque utopique.

Les directives reliées à nos attributions sont très simples : nous devons décrypter en langage clair et précis les performances des candidats, et donner aux téléspectateurs les clés pour qu'ils puissent juger eux-mêmes les performances qui se déroulent sous leurs yeux. Bref, on ne fait pas juste de l'*entertainment* et nous ne sommes pas là pour rigoler. Enfin, quand même un petit peu… Afficher notre bonne humeur en demeurant dans le protocole et dans une certaine conformité reste notre objectif. Il nous faut aussi faire le ballant[9] entre « exigence et indulgence » face à tous ces valseurs novices qui se frottent, certains pour la première fois, à l'exercice de la danse. On nous demande alors de rester vigilants sur la technique, tout en restant ouverts à l'artistique. En fait, ce que la production veut, ce sont des juges à la fois intransigeants et sympas.

Fascinant… mais totalement incompréhensible !

Pour nous tester, Fred et Déborah décident de nous mettre à l'épreuve. Ils nous proposent des petites mises en contexte en projetant sur un ordinateur des performances de la version américaine, *Dancing with the Stars*. Nous devons les juger et les commenter comme si nous étions sur le plateau de DALS. Alors, à tour de rôle,

9. Trouver le juste équilibre.

nous nous adressons à ces danseurs comme si nous nous adressions à des candidats. Très vite, nous sentons que chacun marque déjà son terrain : Alessandra avec sa sensibilité et sa poésie, Chris avec son côté pointu, sa rigueur et son attention aux détails techniques. Et puis arrive mon tour. Mon one-man-show dure deux minutes, et je sens mes interlocuteurs légèrement… décontenancés. Le temps s'arrête (ce sont les trente secondes les plus longues de ma vie), puis Fred rompt le silence pesant qui s'est installé :

— Fascinant ! J'ai pas tout compris, mais c'est fascinant.

Je ne sais pas trop comment je dois le prendre. Compliment ou critique ? De toute évidence, mon accent ne fait pas l'unanimité, ou plutôt ne fait pas « l'audibilité ». Sur le coup, je sens que le défi qui m'attend est de taille. Si mon producteur ne me comprend pas du tout, comment vais-je me faire comprendre par les Français ? Après ce petit moment de solitude, nous reprenons l'exercice. Nous enchaînons les performances sous le regard – mais surtout sous les oreilles avisées – des gens concernés. Nous travaillons tous ensemble sur la préparation et la mécanique pendant quelques heures, et je prends peu à peu mes marques. Je vois bien que mon énergie fait son effet, que je gagne des points avec ma personnalité colorée. Dans leur langage corporel, je sens qu'ils commencent à comprendre que le gars qu'ils ont choisi au fin fond de la Nouvelle-France se donnera à 150 % et qu'il jouera en équipe. À la fin de ce mini-marathon, on se dit tous au revoir avec l'envie de se retrouver rapidement pour continuer à faire connaissance.

Je rentre à mon hôtel un peu perplexe. Le seul point positif sur mon élocution, c'est qu'à chaque fois que j'ouvre la bouche, l'assemblée arbore un sourire.

Je me dis alors qu'il faut absolument que je trouve un moyen d'être compris, mais sans dénaturer qui je suis, car c'est quand même pour cette raison qu'on est venu me chercher. Être différent n'est pas une fatalité, il faut plutôt le cultiver.

Je reprends vite le dessus, et décide de devenir boulimique de radio et de télé française. Il faut que j'écoute les Français parler pour prendre un peu de leur accent et de leurs expressions. Je veux que la France entre dans mes oreilles, dans mes yeux, dans ma tête. Désormais, j'ai parfaitement compris ce que l'on attend de moi : du sérieux et du professionnalisme, mais avec la petite touche Généreux en plus. On est venu me chercher parce que je savais parler le français (sur ce plan, il y a encore un petit peu de boulot pour bien « sonner »), mais surtout pour mon dynamisme, mon énergie, mon coffre à outils de jeux de mots et d'envolées lyriques, mon côté fun, divertissant, pétillant, effervescent…

Alors pas question que j'abandonne tout ça. Mais là, je suis devant un tout nouveau public. Est-ce que les Français vont aimer autant tout ça que les Américains et les Canadiens ? Pour l'instant, je n'en suis pas encore vraiment sûr. En France, on m'a souvent dit : « Ah oui, mais toi, tu es américain », « Tu parles comme les Ricains » ou bien « Tu le fais à l'américaine ». Compliments ou critiques ? Encore une fois, je ne sais pas. Mais en tout cas, mon côté canadien ajoute toujours, enfin il me semble, une petite touche de sympathie… C'est comme si on expliquait ce côté extravagant par ces deux origines mélangées. Et j'ai l'impression qu'on me pardonne tant de choses grâce à cela.

Je crois profondément que chacun d'entre nous, moi y compris, est unique. Mais pour l'instant, j'ai plutôt l'impression d'être un zèbre noir avec des rayures blanches entouré de zèbres blancs avec des rayures noires. Pareils, mais tellement différents à la fois !

Ça y est, c'est pour de vrai

Le temps file, plus que quarante-huit heures avant la répèt' plateau du vendredi, veille du « prime » (c'est bon, je sais enfin ce que veut dire ce mot). La pression monte encore d'un cran. Aujourd'hui, on enregistre les vidéos de présentation des juges. Volodia est à nouveau aux manettes. Avec Chris et Alessandra, nous retrouvons toute l'équipe dans un endroit un peu bizarre, mais malgré tout très sympa. Le lieu est fermé au public, on dirait un vieil hôtel particulier en rénovation. Je suis toujours aussi impressionné par la gentillesse et le professionnalisme des équipes. Je sais qu'il me reste très peu de temps pour faire bonne impression aux Françaises et aux Français, alors je passe en mode « adaptation ». J'en profite pour mettre à l'épreuve des expressions françaises que je viens de découvrir avec Marie-Laure, une super maquilleuse. Il faut savoir que les artistes peuvent tout dire aux maquilleurs et maquilleuses car, comme les médecins, ils et elles sont soumis au secret professionnel. Et ce sont des tombes. Alors je me lâche, et je multiplie les expressions : « j'ai kiffé », « du coup », « c'est ouf »... vous voyez le topo ! Dès que j'ouvre la bouche, elle sourit. Ça me rassure un peu quand elle me dit affectueusement : « Bravo, mon petit caribou ! » Wow. C'est la première fois de ma vie que j'entends l'expression. Je deviens le petit cervidé de service, *bye bye* Bambi... Le petit caribou est en ville !

J - 1 avant la répèt'. Une journée calme, j'en profite pour me renseigner encore plus sur les candidats. Je n'en connais presque aucun.

Quand on débarque sur un nouveau projet, il n'y a pas de honte à ne pas connaître quelqu'un. La honte, c'est de ne pas prendre le temps de s'informer.

Je comprends vite que j'ai affaire au top du top. J'ai déjà entendu parler de David Ginola, de Matt Pokora et d'Adriana Karembeu, mais pour les autres, c'est plus nébuleux, et même une totale découverte pour certains (à ma décharge, j'habite sur un autre continent). Aujourd'hui, après quatorze ans à faire ce boulot, je connais bien le star-système français, ce qui rend les choses beaucoup plus simples. Mais en 2011, « chu un peu perdu ! ».

Cependant, je réalise rapidement que j'aurai face à moi une vraie brochette d'artistes absolument exceptionnels. Sofia Essaïdi : grande chanteuse, une merveille ! Marthe Mercadier : une actrice incroyable ! Jean-Marie Bigard : impressionnant ! André Manoukian : une référence ! Rossy de Palma : oh là là, chihuahua ! J'épluche toutes les infos et les articles sur eux, pour être sur la même page que mes deux comparses, et surtout pour ne pas dire des choses désobligeantes par manque d'informations. Du côté des danseurs professionnels en revanche, j'ai mes repères car je connais déjà assez bien leurs parcours, elles et ils sont de calibre international et plusieurs font partie de l'élite de cette discipline. Maxime Dereymez, Grégoire Lyonnet, Fauve

Hautot, Julien Brugel, Silvia Notargiacomo, Candice Pascal, Katrina Patchett ou Christophe Licata : ce sont toutes et tous de vrais spécialistes, à qui je voue déjà (et encore aujourd'hui) un énorme respect !

Puis vient le vendredi, c'est le jour de la répet' plateau. Après un combat sans merci livré sur un périph surpeuplé de voitures – pour moi, c'est un choc ! Au Québec, niveau circulation, nous sommes des amateurs ! –, nous arrivons finalement à la Plaine Saint-Denis où il y a tous les studios. C'est en fait un drôle de labyrinthe, il n'y a presque aucune logique dans les adresses. Mais au loin, sur le haut d'un gros bâtiment qui surplombe tous les autres, je vois le chiffre 217. C'est là que je dois me rendre. C'est le plus grand plateau de France et, paraît-il, le plus grand d'Europe.

À mon arrivée, on m'invite à monter à l'étage. Les loges des célébrités sont au deuxième. Tout est fait pour qu'on évite de trop se croiser. Sur la porte de ma loge, mon nom figure en grosses lettres à côté d'une énorme photo de moi. Aucun doute : je suis au bon endroit. Je pousse la porte et découvre un endroit bien aménagé : miroir, canapé, petite table chargée de victuailles… L'accueil est très sympa. Je réalise que même si le trajet a été très long, j'ai du temps pour me relaxer. Tous ceux qui font de la télé ou des spectacles savent que la loge, c'est l'ultime « safe space ». La pièce à soi, souvent le premier et le dernier refuge. On peut s'autoriser à y faire plein de choses : parler tout seul, piquer une petite colère et ensuite se calmer... On y a tous les pouvoirs, y compris celui de se couper des ondes négatives, d'avoir une conversation privée avec sa femme qui se trouve au Canada ou de régler un différend loin des regards indiscrets. En réalité, c'est un must et je me sens toujours aussi chanceux de pouvoir en profiter, même si parfois le bail locatif est provisoire ou de très courte durée. Je m'assieds sur le canapé comme s'il m'avait toujours appartenu et en moins de temps qu'il n'en faut pour le dire, je m'égare dans mes pensées. Je ne cesse de tourner en boucle sur plein de questions : quel genre de juges la production recherche-t-elle ? Et quel genre de juge vais-je être ?

Avec France, nous avons fait de la compétition pendant plus de vingt-cinq ans. Le jour où nous avons remballé nos chaussures de danse, je savais que je n'aurai plus à me battre pour un titre, que ce genre de challenges, pour moi, c'était fini. Mais j'ai gardé cet esprit d'aller jusqu'au bout des choses. En tant que couple qui représente son pays, France et moi nous ne sommes jamais entrés sur un parquet de danse avec l'intention d'être à moins de 150 %. Jamais. Nous avons toujours conservé cette attitude dans tout ce que nous faisions dans notre vie, que ce soit lorsque nous donnions des cours, des stages ou des conférences, ou que nous mettions en place des spectacles, pour les autres ou pour nous-mêmes, lorsque nous confectionnions des costumes… La rigueur et la perfection étaient nos leitmotivs, et nous avions toujours de hautes exigences envers nous-mêmes, car chacune de nos actions participait de notre réputation. Et cette réputation d'excellence, nous ne l'avons pas volée, mais travaillée !

Je suis arrivé dans le monde de la télé avec cette même idée en tête : me donner à fond. Mais pour moi, il n'a jamais été question de compétition : mon objectif, c'est d'aider les gens, de les tirer vers le haut, pas de les critiquer, de les rabaisser ou encore de les dénigrer. Ce n'est pas dans ma nature. Je suis dans la positivité, et mon but, c'est d'abord et avant tout de partager la joie de la danse.

Je mesure avec fierté tout ce chemin parcouru. Aujourd'hui, j'ai changé de place dans la chaîne alimentaire. Je ne suis plus la petite crevette à la merci des gros poissons, et c'est à mon tour et de ma responsabilité d'assurer la solidité de cette chaîne, d'éviter qu'elle ne se casse. Car oui, l'équilibre peut être fragile quand on nous donne une promotion, quand on passe de compétiteur à juge. Ça pourrait être tentant de se la raconter et d'abuser de son statut ! Je sais qu'il me faudra être respectueux (ça, c'est facile) et éviter les commentaires désobligeants et gratuits juste parce qu'on m'a donné cette position de force. Faire partie du jury, ce n'est pas rien, mais ça ne me confère pas tous les droits.

Dans une production télé ou dans une entreprise, le grade, le positionnement, aussi importants puissent-ils être, ne devraient pas changer notre façon de s'exprimer. À mon humble avis, la gentillesse devrait toujours parler en premier.

Je suis maintenant le danseur qui juge les autres. Je peux faire des choix, même si je ne suis pas le seul décisionnaire dans l'histoire, car nous sommes trois à évaluer les performances. Je mesure aussi à chaque fois l'impact que peuvent avoir mes décisions. Car mine de rien, la production a investi énormément d'argent dans ce projet, et bien sûr sur bibi (moi). Et c'est un pari qui n'est pas gagné d'avance. En France, il y a au moins dix shows différents de chanson pour un seul divertissement de danse. L'erreur n'est pas permise. Si ce show qui est né en Angleterre et a fait un carton aux États-Unis a mis quatre ans à arriver en France, ce n'est pas un hasard, TF1 voulait être sûr du bon moment pour lancer ce divertissement : un énorme boulot a été nécessaire pour tout mettre en place, et aujourd'hui, je porte une partie de la responsabilité.

Alors que mes pensées s'égarent, j'en reviens à cette sempiternelle question : mais qu'est-ce que je fais ici, à plus de sept heures d'avion de chez moi ? Je prends conscience que tous ces gens me font confiance, alors qu'ils me connaissent à peine… Je sors subitement de mes pensées et, pour me changer les idées, je me lance à la découverte du studio 217. J'entre par l'arrière-scène du plateau de DALS. Il y a des câbles partout sur le sol, des échafaudages de deux étages, et probablement assez de lumière pour illuminer la tour Eiffel, les coulisses grouillent de personnes qui travaillent… Je marche vers le parquet et là je découvre un lieu magique : deux grands escaliers majestueux s'élèvent de chaque côté de la scène principale et, dans la fosse, plusieurs musiciens sont déjà en répèt'. Le parquet tout neuf a l'air immense. Quand mon regard croise le retour caméra sur le moniteur, le plateau paraît encore plus gigantesque, c'est complètement féerique. J'aperçois ensuite le *desk* des juges : quel siège va-t-on m'attribuer ? J'apprends rapidement que je serai sur le fauteuil central, entre Alessandra et Chris, sûrement pour m'éviter de sauter partout (un peu d'encadrement n'a jamais tué personne). Je serai entre mes deux anges gardiens, je ne pouvais rêver mieux. Mais je suis en revanche loin de me douter que l'un d'entre eux est équipé de petites cornes…

Je prends donc ma place. « Ça y est, c'est pour de vrai, là… » : voilà ce que je me dis quand je teste mon tout nouveau siège de juge. Je suis serein, mais déterminé et très au clair sur mes intentions : donner le meilleur de moi-même. Pour le reste, on verra bien. Mais je suis confiant, car rassuré par le sérieux de toutes les équipes qui travaillent sans relâche. Elles sont vraiment magiques. Toutes les personnes que je croise sont aux petits soins, et j'ai l'impression d'être comme à la maison. Je m'assure de mémoriser chacun de leurs prénoms (ce n'est pas ma force, j'ai plutôt une mémoire de poisson rouge). Pour moi, c'est une question de respect.

Les présentateurs, Sandrine Quétier et Vincent Cerutti, entrent en scène, ils sont vraiment au top ! Un couple de télé parfait, hyper pro. Je sens que rien n'est laissé au hasard, que chaque détail est étudié... Tout est fait pour que les téléspectateurs soient épatés dès la première minute du show. Quelques instants plus tard, mes nouveaux collègues Alessandra et Chris prennent aussi place sur leurs sièges respectifs.

Avec Fred et Débo, nous repassons la mécanique et les interactions possibles avec Vincent et Sandrine. Et bien sûr, nous faisons les tests de son qui s'imposent. Comme d'habitude, je trouve que ma voix est un croisement entre celles de Mickey Mouse et de l'inspecteur Clouseau (une petite observation affectueuse que l'on m'avait faite quelques années auparavant, et que je trouve assez juste). Aussitôt la dernière répèt' terminée, Fred s'affaire aux ajustements lumières (l'un de ses indéniables talents), et Débo fait la navette entre l'atelier des costumes et le car régie. Les producteurs sont totalement investis, aucun détail ne leur échappe. Je sens l'effervescence et le sentiment d'urgence qui montent, mais je me concentre sur l'essentiel. Je dois m'imprégner au maximum des lieux, car je suis certain – et en tout cas je le souhaite de tout cœur – que cette nouvelle maison sera le théâtre des plus beaux et des plus grandioses moments de ma carrière. Je me dois d'être à la hauteur des attentes envers moi. Cette nouvelle bataille, ou plutôt ce nouveau défi, sur ce somptueux plateau mérite toute mon expertise, ma créativité oratoire et mon amour pour la danse.

Mes parents seraient fiers de moi

Le samedi 12, je me lève un peu barbouillé. J'ai l'impression de ne plus avoir les yeux en face des trous. Dormir seul sans ma France, c'est toujours assez compliqué pour moi, car la chaleur de son corps réussit toujours à m'apaiser. Et puis, juste avant de m'endormir, j'ai lu et relu pour la millième fois tous les dossiers de presse sur les candidats, fait à nouveau mes propres recherches sur eux. J'ai aussi regardé en boucle la bande-annonce de l'émission, qui est juste époustouflante et très vendeuse (moi, j'achète grave !). Bref, la nuit a été courte. Sauf qu'aujourd'hui, c'est le jour J. Tout est allé tellement vite, j'ai l'impression d'être sur une course de Formule 1 et de ne pas avoir eu le temps de passer au stand ravitaillement. Est-ce que je vais avoir suffisamment d'énergie pour remporter ce nouveau challenge ? Mais trêve de questionnements, *let's go* mon Charlot ! Je saute dans la douche, et me voilà dans la voiture, sur ce satané périph de ?%&$#@, direction DALS, prime 1.

En arrivant près du studio 217, nous devons ralentir, et même nous arrêter à une trentaine de mètres, parce qu'il y a beaucoup de gens massés à l'entrée des artistes, derrière des barricades. L'effervescence est à son comble. Tout le monde veut avoir sa photo des candidats. Matt Pokora, David Ginola… toutes les célébrités sont sollicitées les unes après les autres. Les vigiles sont débordés. Assis dans la voiture, je reste à distance et j'observe le spectacle. Depuis combien de temps tous ces fans font-ils le pied de grue pour voir leurs artistes préférés ? Certains habitués ont même déjà des photos imprimées qu'ils font dédicacer. Je suis scotché. Au Québec, le star-système, l'engouement pour les vedettes ne fonctionne pas tout à fait pareil qu'en France. Ce rapport « courte distance » avec une personnalité n'existe pas vraiment chez moi. Oui, les gens du Québec sont fans de certaines vedettes, mais ils ne se présenteraient jamais en aussi grand nombre devant un studio d'enregistrement. Ce genre de proximité, je la constate davantage aux États-Unis. (Les Québécoises et Québécois sont plutôt du genre à montrer leur amour pour leurs artistes favoris par des regards et de grands sourires, mais tout ça à distance, pour ne pas envahir l'espace d'autrui.)

Quand le chemin se libère enfin, et que tous les fans ont leur petite photo, nous nous arrêtons en face de l'entrée principale et je descends de voiture. Personne ne se rue sur moi pour une dédicace ou un mémorable selfie, car en réalité personne ne me connaît.

(L'expression « selfie » n'était d'ailleurs qu'à ses débuts. Pour la plupart, les gens avaient des appareils photos standards, car les smartphones, en 2011, avaient une résolution trop faible pour réaliser nos super egoportraits ou autoportraits.)

Quand j'entre dans le studio, j'ai l'impression d'être transparent, presque invisible (soit dit en passant, après quelques primes, je perdrai cette cape d'invisibilité). Autour de moi, tout le monde me semble agité. Ça court à gauche et à droite, l'équipe est en pleine action. Je passe au bureau de la production pour saluer Cédric Lacolley et Sophie Eprinchard (les deux personnes qui gèrent d'une main de maître tous mes déplacements et mon bien-être, et continuent de le faire encore aujourd'hui, quatorze ans plus tard). J'entre dans une pièce pleine à craquer de personnes, d'ordinateurs et d'imprimantes qui font de la boucane[10]. Il faut dire que tous ces gens qui travaillent sur ce projet aux quatre coins de Paris, à TF1 et à la BBC, se retrouvent pour la première fois ensemble.

10. Qui font beaucoup de bruit.

D'une voix enjouée, je salue la compagnie. Par curiosité, je demande que l'on m'apporte la dernière version du conducteur (qui ne cesse de changer) et je prends quelques nouvelles de Sofia Essaïdi. J'ai appris qu'elle venait de se blesser aux côtes, à cause d'un porté des plus spectaculaires. Heureusement, elle va mieux, elle et son partenaire pourront danser ce soir, mais elle reste fragile. Soulagé, je monte dans ma loge. Depuis mon petit endroit privé de prédilection, j'entends que les musiciens, dirigés par le fabuleux David Dahan, sont au taquet ! Au Québec, avoir un orchestre live, des chanteurs et des choristes n'est pas monnaie courante. Petit à petit, la tension monte, j'entends les portes s'ouvrir et se fermer. Ma loge est située juste à côté de l'atelier des costumes, et Pierre Annez de Taboada, le chef costumier des opérations « Strass & Paillettes », et son équipe sont débordés. Lorsque je décide de descendre déjeuner à la cantine, je découvre une salle paquetée de monde[11] ! C'est là que je prends conscience pour la première fois de la taille de la fourmilière : plus d'une centaine de personnes travaillent sur ce projet. J'ai bien sûr déjà participé à des tournages de films américains ou à des grosses productions canadiennes, mais je reste quand même impressionné. L'après-midi passe très vite. Je fais des allers-retours entre ma loge

11. Remplie de monde.

et le plateau, des essayages de dernière minute, puis une petite session de révision de la mécanique avec Fred et Débo… Après le dîner, je décide de retourner dans ma loge pour souffler un peu.

Quelques minutes avant de quitter mon petit cocon et de faire mon entrée sur le plateau, je pense à mon père. Je pense au jour où, à 10 ans, je lui ai annoncé que je voulais prendre des cours de danse et qu'il m'a répondu « Non mais tu es fou ! ». Dans sa tête, la danse n'était pas recommandable, et surtout non souhaitable. Désolé si je me répète, mais aux dires de mon paternel, la danse n'était pas un sport, mais une distraction normalement réservée aux filles ou aux homosexuels. Il n'avait pas encore compris mes vraies motivations. Ce que mon père ne savait pas c'est que, quelques mois auparavant, j'avais croisé le regard de ma France, celle qui deviendra ma femme… Et que ces cours de danse étaient d'abord un moyen de me rapprocher d'elle et de l'impressionner (je vous raconterai plus tard et plus en détail ce fameux coup de foudre…). Grâce à elle, j'ai découvert un nouveau monde, un monde où je me sentais bien, et où j'avais, en toute modestie, quelques aptitudes… Et surtout un monde que je ne quitterai plus jamais, comme je ne quitterai plus jamais France. Finalement, si je suis aujourd'hui sur cette émission, je le dois à France Mousseau et à son regard ravageur. Comme beaucoup de choses dans ma vie… ainsi que de nombreuses leçons.

Les minutes s'égrènent avant que le prime ne commence. Dans ma loge, je repense aussi à ce jour où mon père a compris que je renonçais définitivement à devenir architecte, et où je lui ai annoncé que la danse serait désormais toute ma vie. Lui qui avait un métier très « sérieux » (comptable), il n'a pas été emballé. Et le mot est faible. Aujourd'hui, il n'est plus parmi nous, mais je suis convaincu que, depuis là-haut, il doit certainement être un peu fier de moi. Malgré nos différends, je continue souvent de le citer en exemple. En exemple de ce qu'il faut faire, et aussi ne pas faire. En regardant le beau costume que je viens d'enfiler pour monter sur le plateau me revient en tête cette image de mon père qui, tous les jours de sa vie, s'est habillé en costume trois-pièces. Pour lui, c'était une question de fierté, de dignité, il était très coquet. Je me répète alors à nouveau qu'il serait fier de moi, de me voir habillé ainsi et, avec du recul, fier du parcours qui m'a amené jusque-là. Ma mère, elle, a toujours été fière de moi, il n'y a sur ce sujet aucun doute. Elle a été ma complice, c'est elle qui me donnait de l'argent pour payer mes cours de danse (argent qui, en réalité, venait des poches de mon père, parce qu'avec six enfants, elle était femme au foyer). À l'inverse de mon père, elle m'a soutenu dans mon projet, et dans tout ce que j'ai toujours fait d'ailleurs. Il faut souligner aussi que mes parents étaient très différents. Le moins que l'on puisse dire, c'est qu'ils ne fréquentaient pas les mêmes rayons dans les librairies. Mon père lisait de gros bouquins de finance, et ma mère des romans à l'eau de rose. Elle en avait des armoires pleines à craquer !

Aujourd'hui, avec le recul, je prends conscience que leur extraordinaire complémentarité m'a apporté tellement de choses… J'ai hérité de mon père une rigueur inébranlable dans tout ce que j'entreprends, et de ma mère ce côté rêveur qui me donne souvent l'impression que tout est possible.

Ce soir, on danse avec les stars !

Toc, toc, toc. C'est enfin l'heure. Emmanuelle Lanvin vient frapper à la porte de ma loge pour m'amener au plateau (elle nous manque aujourd'hui à tous, elle perdra son combat contre le cancer quelques années plus tard). En descendant, je croise Chris et Alessandra, tous deux sur leur trente-et-un ! Dans l'obscurité des coulisses, j'ai une vue directe sur le parquet et la scène principale. Après le traditionnel compte à rebours « 5, 4, 3, 2, 1 », la voix grave et chaleureuse de Richard Darbois envahit le silence :

« Ce soir… On danse avec les stars », conclut-il.

Le public explose d'enthousiasme. Toujours dans le noir, je commence à me tenir plus droit. Malgré mon traditionnel calme olympien, mon cœur se met à battre beaucoup plus vite. Vincent et Sandrine prennent le relais, leurs voix remplissent le plateau de gaieté et de bonne humeur. Ils présentent les couples qui descendent à tour de rôle les escaliers. La mise en scène est digne d'une entrée hollywoodienne ! Puis, soudain, les lumières basculent sur un *desk* inoccupé. Cela fait partie de l'effet de surprise. Vincent entretient le suspense :

— Il nous faut des juges. Mais qui sont-ils ?

Vincent présente rapidement nos parcours respectifs, puis Sandrine enchaîne avec cette phrase qui restera à jamais gravée dans ma tête : « Vous ne verrez jamais plus la danse comme avant… » C'est à ce moment-là que le magnéto, tourné il y a quelques jours, remplit les écrans. On découvre la belle Alessandra, Chris et finalement moi. Oh misère, que je n'aime pas ma voix ! Les images sont plutôt flatteuses, mais je m'autocritique à fond. La caméra revient ensuite sur nous alors que nous avons enfin pris place derrière le *desk*. Ça y est, le public français nous découvre enfin en vrai. *No turning back*[12] !

Je réalise subitement l'ampleur du moment. Mais trêve de rêvasserie, j'ai une émission à assurer, je dois oublier ce magnéto et passer en mode « action », car l'heure est venue de commencer… Vincent nous

12. Il n'y a pas de retour en arrière possible.

souhaite la bienvenue en direct. Je réponds, mais nous n'avons pas de retour son, donc nous ne nous entendons pas, et la salle me paraît hyper bruyante. J'ai l'impression d'être au Stade de France (je n'y suis jamais allé, mais au niveau émotion, j'imagine que cela doit un peu ressembler à ça). La voix de Richard Darbois donne le top départ pour la première performance : une valse de Jean-Marie Bigard et Fauve Hautot. Les lumières flashent, la musique fuse, le public applaudit de nouveau à tout rompre. Tout est réglé au millimètre : c'est hyper important, parce que c'est la première présentation d'usage du premier duo, la régie balance leur magnéto d'introduction. La qualité est au rendez-vous. D'ailleurs, la production a toujours eu à cœur de mettre en valeur les artistes, de les sublimer, de faire en sorte que leur image soit impeccable et irréprochable, j'ai toujours admiré cela chez nos producteurs.

Fauve fait des miracles avec notre Jean-Marie. Pour un humoriste, il a pris ça très au sérieux. Sapé comme jamais, il a les allures d'un agent secret britannique. De mon côté, j'essaie de formuler dans ma tête mon premier commentaire. Il faut savoir que je suis aussi très bon spectateur et je peux facilement regarder la danse juste pour le plaisir, et m'évader. Cependant, là, je ne suis pas spectateur mais juge. Il faut taffer, aligner des phrases pour donner des clés aux téléspectateurs qui, eux, n'ont pas la chance de les voir d'aussi près. Arrive ma première prise de parole. Je fais de mon mieux pour être audible et clair (mais j'ai l'impression de claironner plus que de parler. Pas sûr que je me donnerais un « 10 », probablement pas beaucoup plus qu'un « 5 »). Ma première intervention se termine avec une phrase du genre :

— J'ai apprécié la scénographie et ton côté James Bond, cher Jean-Marie, mais à mon humble avis, notre nouveau 007 danseur amateur mérite plutôt un 006.

Dans ma tête, je pensais que, malgré tous les beaux efforts de Jean-Marie, on ne voyait qu'elle : notre Fauve. Trop *hot* ! Encore aujourd'hui, elle reste un phénomène. Son talent est magnétique, presque énigmatique. À chaque fois qu'elle bouge, qu'elle danse ou qu'elle s'exprime, elle m'hypnotise !

Après la notation des juges, place aux prochains candidats. Un certain M. Pokora débarque sur scène comme une tonne de briques[13], avec une tonne de valises, comme un commis voyageur. Il nous sort un quickstep presque digne des ligues majeures. Il est accompagné de la pétillante Australienne Katrina Patchett. Leur danse est endiablée et la technique est nickel, un quickstep sans tricher, le cadre, les steps, une presta très carrée, alors je sors mon premier « 8 » de la saison. Pour moi, ce serait possiblement la meilleure

13. Autrement dit : c'est du lourd !

note de la soirée. Matt et Katrina ont assurément laissé leur carte de visite sur ce premier prime, ils ont tout lâché sur le parquet. Ils me donnent déjà l'impression de comprendre l'étrange mélange de talent, d'audace et de personnalité qu'il faut pour dominer la compétition. Car même si la rencontre est amicale, cela reste une compétition.

La (grosse) boulette !

Les performances se succèdent et je prends tout doucement mes marques. Ce n'est pas si évident de vivre un premier prime en direct. Chaque bêtise que je dis reste pour la vie, et impossible de remettre les mots dans ma bouche après les avoir sortis. Et justement, quand arrive le moment de commenter le cha-cha d'Adriana Karembeu et Julien Brugel, je frôle… la catastrophe ! Je trouve la prestation un peu moyenne, mais mon commentaire technique est pourtant parfaitement objectif :

— Le cha-cha, c'est du latino. Il faut sentir les percussions à travers les hanches et les jambes, ça prend le rythme. Mais pour moi ce n'était pas là !

Et là… le public se met à me huer ! Une grande première pour moi (on ne m'a jamais hué en public de toute ma carrière, et même de toute ma vie ! Je suis flabergasté[14]). Comme je ne m'entends pas, je parle plus

14. Abasourdi.

fort. Et plus je parle fort, plus les gens hurlent. Vincent Cerutti, qui est juste à côté d'Adriana et de Julien, est un peu mal à l'aise. J'essaie de toutes mes forces de faire comprendre aux spectateurs présents mes observations. Alors que je continue de plaider ma cause, je vois Vincent qui tourne légèrement sa tête vers la droite pour mieux entendre ce qu'on lui dit dans son oreillette reliée au car régie. On doit sûrement lui crier dans l'oreille de me faire taire… Je viens à peine de commencer ce nouveau job et j'ai déjà l'impression que j'ai tout le studio contre moi, que les Français me jettent des pierres (ou des tomates, si vous préférez). Alors que la Troisième Guerre mondiale semble prendre de l'ampleur dans l'oreillette de Vincent, il m'interrompt, exaspéré :

— Mais Jean-Marc, pourquoi vous hurlez tout le temps comme ça ?

Oh là là, la boulette ! Me faire tirer les oreilles de cette manière devant près de 5 millions de téléspectateurs, c'est clairement la honte. J'ai peur que la production m'en tienne rigueur… Un grand moment de solitude pour moi !

Lors de la prestation suivante, je suis encore un peu échaudé. David Ginola et Silvia ont visiblement tout donné, malgré quelques petits problèmes de rythme. Je sors alors un « 7 »… et les spectateurs applaudissent. Ouf ! Les lionnes et lions sont restés en cage et n'ont pas rugi. La deuxième coupure pub arrive et les petits mots d'encouragement de Fred Pedraza me remontent rapidement le moral. Nous reprenons l'émission avec Sofia Essaïdi qui… descend du ciel dans un cerceau ! Oh là là chihuahua ! Franchement, pour une fille blessée, je suis bluffé. Mon regard revient sur Maxime qui attend l'atterrissage de sa partenaire. Elle se décroche et la choré démarre. Ça part très fort. Je suis franchement impressionné par Maxime (avec les années, on peut dire qu'il est passé maître dans l'art de faire ressortir le meilleur de ses partenaires). Quant au niveau de danse de Sofia : incroyable ! Malgré la douleur, elle semble voler sur le parquet. Ils nous sortent un quickstep de fou, j'en ai encore des frissons. Pour moi, ce sera un « 9 ». Pour une première prestation, c'est carrément impressionnant.

André Manoukian et Candice Pascal prennent ensuite place sur le parquet. André est lui aussi blessé, mais le couple réussit tout de même à obtenir assez de points pour être temporairement à l'abri du face-à-face… Mais coup de théâtre : le public, lui, n'a pas voté dans le même sens que nous, et André se retrouve finalement en face-à-face avec David Ginola. L'élimination d'André et Candice me donne un vrai coup. Cette petite douche de réalité me rappelle que c'est toujours le public qui aura le dernier mot. Ça fait partie du jeu ! À l'issue de la soirée, tout le monde se réunit dans le *catering* pour célébrer la fin de ce premier prime. Je donne l'illusion d'avoir le cœur à la fête, mais la remarque de Vincent continue de me hanter. Et le retour à l'hôtel est des plus silencieux.

Le lendemain, je suis encore en plein doute : ai-je été à la hauteur ? Moi qui, habituellement, ne lis jamais les critiques, commence à éplucher la presse pour savoir ce que l'on a pensé de l'émission en général, et de ma prestation en particulier. À ma grande surprise – car rien n'était gagné d'avance ! –, l'émission reçoit un vote positif et unanime du public. Tous les efforts que la BBC et TF1 Production ont déployés ont payé, et on peut dire qu'ils ont remporté leur pari. Mais à mon endroit, honnêtement, les critiques sont assez mitigées. Il y a du bon, genre « il est sympathique », « énergique », « différent », mais aussi du moins bon. Certains commentateurs ne sont pas tendres. L'un d'entre eux écrit même que j'ai une « voix de cancéreux ». Je me souviens aussi des mots d'un certain Jean-Marc Morandini, que je n'ai vraisemblablement pas convaincu. Il a écrit quelque chose comme ça : « J'espère que le Canadien va cesser de hurler » ou « Il est complètement hystérique », « Trop c'est trop ! ». Je peux vous dire que ça frappe dans l'dash[15] ! En d'autres mots, c'est la douche froide, et ça ébranle un peu l'ego. Mais dans l'ensemble, les téléspectateurs saluent la qualité du spectacle, valident l'animation, ainsi que

15. Ça secoue !

le casting des célébrités et les danseurs pros. Je m'en réjouis, mais je me sens bien seul dans ma chambre d'hôtel. Quand je lis tout cela, il est environ 9 heures du matin à Paris, donc 3 heures du matin au Québec. Il me faut attendre près de cinq heures avant de pouvoir partager cela avec France qui, elle, attend de mes nouvelles avec impatience.

Pour me changer un peu les idées, je décide de descendre prendre mon petit déjeuner dans la salle à dîner[16] de l'hôtel. En sortant de l'ascenseur, je bifurque plutôt vers la porte principale qui donne sur l'avenue Kléber, histoire de prendre une bouffée d'air frais. J'en profite pour faire une petite parenthèse sur cet hôtel qui, depuis cette date, est devenu en quelque sorte mon endroit fétiche, mon pied-à-terre français, ma maison parisienne. J'y descends dès que je suis à Paris, et c'est toujours le cas aujourd'hui, plus de quatorze ans après. J'y ai mes habitudes, et même ma chambre attitrée, et je m'y sens très bien. Cet établissement feutré incarne parfaitement l'image que je me faisais de l'hôtel parisien typique, avec une petite touche british, comme l'évoque son nom, « Baltimore » (en référence à Lord Baltimore, l'un des premiers clients). Par la fenêtre de ma chambre, je vois le haut de la tour Eiffel et quand je me penche sur

16. Salle à manger.

le balcon qui ceinture ma chambre, l'Arc de Triomphe. Pour moi, il vaut chacune de ses cinq étoiles : c'est le luxe à taille humaine. Son directeur, Franck Poncey, et ses équipes ont toujours tout fait pour que je me sente chez moi. Il faut dire que je suis plutôt un client « low maintenance » (enfin je crois) : je ne suis pas du genre à appeler la réception toutes les deux minutes pour me plaindre de ceci ou de cela, ou pour faire des demandes extravagantes.

Mais bref, je m'égare… Revenons à ce moment où, ce matin-là, je sors prendre une bouffée d'air. Plein d'images de la soirée d'hier me reviennent en tête, et surtout cette boulette qui me reste en travers de la gorge. Alors que je passe devant le concierge, celui-ci m'interpelle avec un grand sourire :

— Monsieur Généreux, bravo pour hier soir ! *Danse avec les stars*, c'est canon, et vous, vous êtes génial… Vous êtes tous géniaux ! Ma famille et moi, nous avons adoré. Nous avons vraiment hâte de vous retrouver tous la semaine prochaine.

Je suis à la fois surpris et touché par ces mots. Quand l'ego est blessé, le meilleur antidote, ce sont les compliments qui viennent de personnes que vous attendez le moins. Les deux réceptionnistes, postés à moins de deux mètres, enchaînent avec le même enthousiasme. Leurs sourires et leurs commentaires remplis de gentillesse me donnent le petit boost dont j'avais besoin.

Me voilà donc sur l'avenue Kléber, sûrement l'une des avenues parisiennes les plus fréquentées par les touristes. Ils l'empruntent pour aller de la tour Eiffel à l'Arc de Triomphe ou inversement. Je vois défiler devant moi des personnes de toutes les nationalités, mais pas une ne me reconnaît. Et là, je ne sais pas ce qui me prend, mais j'ai envie de crier un énorme : « Bonjour Paaaaariiiiiis ! » Cette situation est tellement cocasse, et je sais qu'il faut que je prenne du recul. Dans ma vie professionnelle, je n'ai jamais vraiment reçu de critiques négatives. Même si, je ne suis pas dupe, les gens ne disent pas toujours ce qu'ils pensent…

Je sais aussi qu'il est impossible de faire l'unanimité. Ces critiques, c'est également la preuve que j'ai marqué les esprits, que je n'ai pas été transparent. Et puis me rends compte que de nombreuses personnes ont pris ma défense face à ces commentaires négatifs. Alors, à moi de me retrousser les manches, et de voir ce que je peux faire pour améliorer les choses.

Après le petit déjeuner, je remonte dans ma chambre. Plus que quelques heures avant d'appeler France… Quand nous nous parlons enfin, je comprends vite qu'elle sait déjà tout ce qu'il s'est passé (merci Internet !). Mais France n'est pas le genre de fille à mettre des gants blancs[17], ou à s'apitoyer sur mon sort. Comme on dit chez nous (mais aussi en France, apparemment), elle n'y va jamais avec le dos de la cuillère. Je présume qu'après avoir vécu deux accouchements, elle connaît ce qu'est la vraie douleur. Mes petites incertitudes, c'est de la gnognotte à côté. Elle me rassure en me disant que le plus important, c'est de ne pas essayer d'être quelqu'un d'autre. J'en suis moi aussi persuadé. Mais elle me dit également qu'elle n'est pas vraiment étonnée de cet épisode. Elle me connaît bien, et de son point de vue, j'aurais l'habitude « fâcheuse » (moi, je dirais plutôt heureuse...) d'essayer de trop en dire. En d'autres termes, si j'étais plus concis, plus précis et que je faisais mon boulot au lieu de faire le rigolo, j'attirerais moins de commentaires négatifs. Elle a en partie raison, mais en réalité, c'est ça être « moi-même » ! Quand on me donne un micro, je ne peux pas m'empêcher de tout donner ! Lancer des vannes, jouer avec les mots, c'est cela qui m'anime, et qui m'amuse. Mais ici, en France, je joue sur le terrain adverse, et pas à la maison. Ici, je suis déjà catalogué comme un ovni, je ne connais pas encore tous les mots et les expressions du terroir pour ponctuer mes commentaires et mes chutes.

Comme toujours, France me rappelle alors à l'ordre : je ne suis pas humoriste, et ce n'est pas pour ça que l'on

17. À prendre des gants.

m'a engagé. La production n'attend pas de moi que je crée l'hilarité dans la salle, je dois me recentrer sur l'essentiel : la danse, la performance, l'interprétation et la notation. Elle a tellement raison, sauf que… c'est plus fort que moi ! Il faut coûte que coûte que je trouve la bonne façon de rester dynamique dans la livraison de mes observations et par-dessus tout, dans mon langage corporel. Moi, j'aime l'action. Mais, en France, quand on est dans un panel de juges, il y a un certain protocole à respecter, un décorum qui vient avec le statut hiérarchique. Pour m'attirer le respect de l'establishment, je devrais donc être plus incisif, direct, intransigeant ? Très peu pour moi.

Moi, je suis un gars du peuple, qui se souvient d'où il vient. Chez moi, la bienveillance n'est pas en option, c'est un devoir.

Bouger en expliquant, ou plutôt bouger pour expliquer, c'est dans ma nature. Mais peut-être que les Français ne sont pas habitués à ce modèle de juge. Alors faute de pouvoir gesticuler ou de danser avec mon corps pour exprimer ce que je veux dire, et n'en déplaise à mes détracteurs, je vais faire danser les mots… Et dans ce domaine, la France n'a encore rien vu.

Chapitre 2

Et ça, j'achète !

La semaine qui suit s'écoule très rapidement. J'essaie de réfléchir à la façon dont je peux me préparer au mieux pour le deuxième prime. Je décide donc de passer du temps dans les salles de répétition pour prodiguer çà et là quelques conseils, et apprendre à mieux connaître les candidats. Je sors de mon rôle de juge, je veux que tous voient le vrai Jean-Marc et ressentent la passion qui m'habite, car sur le plateau, en direct, tout va trop vite. Je veux aussi partager mon expérience. Je me suis toujours investi de cette façon, et il n'y a pas de raison que cela change. Dans le monde de la danse sportive, nous sommes accompagnés en permanence par des coachs qui scrutent à la loupe chacun de nos mouvements. Il y a aussi des experts en chorégraphie, d'autres en technique. Bref, il n'est pas rare qu'avant une grosse compétition, cinq ou six intervenants différents aident les danseurs pros de haut niveau à se préparer et à mieux performer. Dans DALS, au contraire, les pros sont très souvent – voire presque tout le temps – seuls. Alors, quand je passe dans les salles de répétition, je suis toujours le bienvenu. Mon expérience et mes techniques d'enseignement sont peu orthodoxes, mais elles fonctionnent. Encore aujourd'hui, j'ai pris l'habitude, avant chaque prime, d'essayer de voir chaque candidat, y compris ceux à qui j'ai attribué une note un peu basse ou adressé un petit commentaire un peu dur. Mon but est de leur expliquer les raisons de mon commentaire (difficile de le faire en direct sur le prime, quand les secondes sont comptées), de leur donner les clés que je pense utiles pour remédier à une lacune technique ou même artistique, et par-dessus tout, de les encourager à ne rien lâcher.

Enseigner fait partie intégrante de ma vie, c'est plus fort que moi. J'ai l'impression que ma mission est de transmettre à mon tour les informations que mes maîtres m'ont offertes, comme un legs que je dois partager. J'ai enrichi cela avec ma propre approche du mouvement et du déplacement dans l'espace. Pendant toutes ces années, j'ai été confronté à tant de problématiques différentes, mais je me suis toujours efforcé de ne pas laisser les élèves s'embourber dans la technique. Pour cela, j'utilise tout mon arsenal, une valise entière remplie d'astuces et de métaphores personnalisées pour faire comprendre à chacun la connexion entre la technique et son désir de bouger de telle façon, ou de la bonne façon. La technique de la danse sportive est d'une complexité tellement désarmante, et mon but a toujours été de la simplifier, de la rendre plus organique. Bref, j'adore voir la tête des célébrités quand elles captent ce que je dis, quand elles passent un cap devant mes yeux. Être le « troisième œil », c'est mon dada.

> Quand on est loin des siens, sentir que l'on est utile à quelqu'un peut faire beaucoup de bien. L'implication devient alors une solution à l'exode.

Et puis le deuxième prime arrive. Nous sommes le 19 février 2011 et, je ne le sais pas encore, mais cette date va changer le cours de mon histoire d'amour avec la France. Ce soir-là, je sens les candidats ultra-motivés ! Les prestations commencent, et je m'efforce d'adopter une attitude tout en retenue. Sauf que j'ai des fourmis dans les jambes, ou plutôt dans la tête. Mais je sais pertinemment qu'elles doivent rester dans la fourmilière, afin d'éviter un autre débordement. Un deuxième prime, c'est très différent d'un premier. La première fois, on a beau se préparer : tant qu'on ne l'a pas vécu, on ne peut pas savoir ce qui va se produire. Mais cette fois, c'est différent, je sais que j'ai quelques ajustements à faire. C'est mon seul point de vigilance. Avec Alessandra et Chris, cela se passe parfaitement bien, nos avis sont parfois divergents, mais nos notes sont cohérentes. Dans ma tête, je me répète en boucle « calmos le prestôse ». Même si je sens qu'à certains moments, je bous intérieurement, je sais qu'il faut que je baisse un peu le feu pour éviter d'enflammer le plateau. Mais peut-être l'ai-je finalement un peu trop réduit ? À la pause pub, les producteurs viennent me voir pour me dire : « Ben Jean-Marc, t'es calme aujourd'hui… » Je vous avouerai que j'en suis presque tombé de ma chaise.

Naissance d'une « catchphrase »

Les performances s'enchaînent et j'essaie de prendre plus de rythme. Il est un peu plus de 22 heures quand Matt Pokora et Katrina Patchett montent sur scène. J'ai adoré leur prestation de la semaine précédente sur un quickstep. Cette fois, ils nous proposent un tango sur la musique de *Roxane*. Pour la petite histoire, durant toute ma carrière de chorégraphe et de danseur professionnel à la télé, que ce soit au Québec ou aux États-Unis, nous n'avons jamais eu l'autorisation d'utiliser ce morceau. Et là, première saison française de *Danse avec les stars*, deuxième prime : *Roxane*, l'un des meilleurs tangos théâtraux du monde ! Je suis impressionné. Et encore plus par la performance de nos deux danseurs. Il est 22 h 16, ce 19 février 2011 (ça sonne comme la naissance d'un nouveau-né), quand, porté par l'ambiance magique de ce moment, je louange la merveilleuse perfo de Matt et Katrina, puis, à la fin, je conclus en prononçant pour la première fois le fameux : « Et ça, j'achète ! » Sur le coup, je ne comprends pas ce qu'il se passe. L'instant est comme suspendu, et puis un tonnerre d'applaudissements se fait entendre. Le public français a visiblement apprécié mon commentaire. Pourquoi cette phrase a-t-elle eu autant d'effet ? Je ne le saurai potentiellement jamais. Peut-être l'intonation, mon énergie, le geste du doigt qui accompagne la formule... Toujours est-il que j'étais loin de m'imaginer que cette phrase me ferait gagner des points dans le cœur des Français.

Dès le lendemain, l'expression se répand en effet comme une traînée de poudre, jusqu'à devenir, en quelque sorte, ma marque de fabrique. Pour moi, elle n'a en réalité rien d'extraordinaire. Ce sont des mots que j'emploie couramment comme « Oh là là chihuahua » ou « What a show ». Mais bien malgré moi, ces quatre petits mots ont changé à tout jamais mon parcours en France (et ils ont même eu quelques échos dans plusieurs pays de la francophonie). Ce qui, au départ, me semblait être une autre de mes envolées lyriques, une autre de mes nombreuses tournures de phrases à la sauce québécoise, est en réalité devenu ma « catchphrase ». Plus qu'un simple gamique[18], un must pour moi et, aux dires des gens et des fans de

18. Une astuce, une combine.

DALS, presque un « incontournable » de l'émission. Cette phrase, prononcée devant près de 5 millions de téléspectateurs, a laissé une empreinte immédiate dans la mémoire collective des fans de DALS. D'une certaine façon, je venais de m'acheter du temps. Rappelez-vous : ce n'est que le deuxième prime de la première saison, et ma confiance a largement été mise à l'épreuve.

Au début, je n'ai absolument pas réalisé l'impact de cette formule sur les spectateurs et sur les artistes présents lors du prime. Mais petit à petit, de plus en plus de fans se sont mis à en parler sur les réseaux sociaux, et même à me réclamer l'expression. Ils étaient parfois impatients de l'entendre, et même mécontents quand je ne la prononçais pas. Dans les coulisses, plusieurs artistes me disaient – respectueusement bien sûr – : « Jean-Marc, j'espère bien, moi aussi, avoir un petit "Et ça, j'achète" pour ma performance. » Comme si cette expression était devenue un signe d'approbation, une petite étoile que l'on colle sur une dictée bien réussie. Cela présageait automatiquement une belle note, au minimum un « 8 » ou un « 9 », et même parfois un « 10 » ! Et puis, au fil du temps, cette expression m'a aussi ouvert un nombre impressionnant de portes... mais je reviendrai sur ce sujet un peu plus tard. Continuons sur cette première saison de DALS, et sur les neuf autres qui vont suivre.

Prises de risques

La suite de cette première saison est merveilleuse. L'audience et les parts de marché ne cessent de croître. C'est assez exceptionnel pour un nouveau divertissement, qui plus est en face des mastodontes des autres chaînes. J'en garde des souvenirs inoubliables... surtout car parfois, cela aurait pu très mal se terminer. Comme cette fois où les producteurs m'ont demandé de réaliser en direct une performance complètement folle.

— Jean-Marc, me disent-ils, les téléspectateurs ne te connaissent pas encore comme danseur, alors on aimerait bien que tu leur montres de quoi tu es capable...

Ils m'expliquent ensuite ce qu'ils ont en tête : que pendant le prime, en live, j'arrive sur la scène comme un cheveu sur la soupe, avec deux des danseurs pros, Grégoire Lyonnet et Candice Pascal, pour un jive (la plus rapide des danses latines).

— On a deux heures de répèt' devant nous, précisent-ils.

J'ai du mal à en croire mes oreilles : un jive en direct, à trois, et le tout à froid (puisque je ne pourrai pas m'échauffer avant la prestation, comme nous serons en plein milieu de l'émission) ? Je suis moyennement emballé...

— Voilà ce qu'on aimerait que tu fasses : après un de tes commentaires, à un moment, tu sautes sur le *desk*, puis tu sautes sur le parquet, et tu cours rejoindre Grégoire et Candice pour faire le jive à trois.

« Bien sûr, trop facile ! » me dis-je intérieurement avec sarcasme… En réalité, ce sont vraiment de grands malades ! Dans ma vie, j'ai pris des risques, mais jamais des risques aussi fous. Si je me plante, c'en est fini de ma très jeune carrière dans la Ville Lumière. Et puis, je ne suis pas du genre à faire des paris, ou à jouer à des jeux de hasard. Je pense que les producteurs ressentent mon hésitation…

— Allez Jean-Marc, tu es un champion, tu vas y arriver, me disent-ils.

Au Québec, on appelle cela « beurrer épais ». Autrement dit, ils en font beaucoup pour me convaincre. Mais ça marche, car j'accepte d'entrer dans leur jeu…

Le moment fatidique arrive. Grégoire et Candice (qui ont au minimum vingt printemps de moins que moi) entrent en scène. Je rappelle que nous sommes en direct, et que 5 millions de personnes nous regardent. Et là, d'un seul coup, je saute sur le *desk*, puis du *desk* sur le parquet… Je donne tout, j'oublie la pression, j'oublie que je suis à froid, et nous livrons un jive endiablé comme jamais ! Mes partenaires de jeu sont géniaux. Ils kiffent le moment comme moi. Cette parenthèse inattendue me permet de réaliser encore une fois le plaisir que j'ai à danser en live. Apparemment, les personnes en studio apprécient la performance, ce qui me donne encore plus d'énergie. L'interlude dansé se termine en crescendo sur la dernière note de musique… Wow, l'adrénaline remplit mes veines.

Les spectateurs, eux, sont aux anges, ils applaudissent à tout rompre. Je suis heureux d'avoir relevé le défi, mais mon Dieu, quelle angoisse…

Note à moi-même : danser, oui, j'adore ! En revanche, le moins possible en direct, et surtout pas avec de nouveaux partenaires ayant deux décennies de moins, le tout sans trop répéter avant. Le jeu en valait la chandelle, mais attention à ne pas se brûler !

Autre moment marquant de cette saison, qui n'a d'ailleurs jamais été diffusé à la télé : le tournage de cette vidéo improbable avec la magnifique Adriana Karembeu. J'en ris encore quand j'y repense. La semaine avant la demi-finale, la production me demande si je veux bien donner un petit cours de jive (décidément, que d'aventures avec le jive… la prod en fait une fixette !) à Adriana Karembeu : cela ferait l'objet d'une séquence qui sera diffusée lors de la prochaine émission. Lors d'une de ses prestations précédentes, j'avais osé lui dire que ses jambes étaient un peu trop raides, et je savais bien que cela n'avait pas été trop au goût du public… J'accepte donc, mais avec une petite idée en tête. Je demande au réalisateur de cette séquence, David Lem, de me fournir un peu de matériel : deux blouses blanches, un marteau, une scie, un grand drap blanc, une tomate, et un chat… Il a dû me prendre pour un fou, mais quoi qu'il en soit, lorsque je débarque ce matin-là au studio de l'Olivier, tout mon matériel est prêt. Adriana et Julien, son partenaire de danse, que j'ai bien sûr informés du déroulement de la séquence que j'ai imaginée, sont déjà là. À ses côtés, Moulay, le cadreur, qui est lui aussi au courant du scénario.

Julien et moi enfilons les blouses blanches, et entrons dans la salle de répèt' (ou plutôt ma future scène de crime…). Je commence à expliquer le problème à ma patiente :

— Adriana, sur le jive, tu manques un peu de rebond, mais je pense que j'ai bien identifié le problème. C'est la longueur de tes jambes. Je vais procéder à une petite modification, une très légère opération… Bref, c'est pour ton bien, c'est presque sans douleur.

Elle s'allonge sur la table, et nous la couvrons avec le drap de façon à ce que les spectateurs ne voient plus ses jambes. Le Dr Julien me donne ensuite le marteau, et je fais semblant de taper sur ses jambes avec force. Adriana gémit (faussement) et rigole aussi beaucoup.

C'est alors que je lance à mon assistant :

— Trouve-moi quelque chose d'organique, de vivant, avec des pattes.

C'est là que le chat entre en scène. Julien me le tend, mais je le jette immédiatement en hurlant : « Non, pas un chat ! » Le pauvre animal fait un vol plané (mais rassurez-vous, il retombe sur ses pattes sain et sauf).

L'opération se poursuit : je fais mine de scier les jambes de ma patiente tout en plaçant délicatement et très discrètement des petits morceaux de tomate sur les dentelures de la scie ainsi que du jus de la tomate pour donner l'illusion du sang qui dégouline... Puis d'un coup, j'annonce que « l'intervention est un succès ». Adriana, qui joue le jeu à fond, se prépare à ce que la caméra se tourne vers elle. Agenouillée, les genoux posés dans ses baskets, elle a l'air d'une naine ! C'est à mourir de rire. Nous sommes tous pliés en deux. Mais la production, elle, est beaucoup moins enthousiaste. Une heure après qu'il a reçu la vidéo, Volodia m'appelle :

— Non mais Jean-Marc ! On ne pourra jamais diffuser cela ! 1/ parce qu'il y a de la violence envers les femmes, 2/ pour le sang et 3/ parce qu'il y a de la brutalité sur un animal... Et j'oublie : tu ne peux pas rire des petites personnes ! Tu veux qu'on se fasse poursuivre en justice ?

Le message est clair, et cette vidéo ne sera malheureusement jamais diffusée. Nous avons finalement tourné une autre séquence beaucoup plus classique et consensuelle. Mais je vous assure, quel souvenir ! Je réalise alors que mon sens de l'humour ne fait pas l'unanimité, peut-être aurait-il mieux convenu à une émission de Canal+. Aujourd'hui avec le recul, je comprends que mon positionnement était en construction, et qu'il valait mieux pour moi rester dans mes fonctions de juge plutôt que de me lancer dans une carrière d'acteur de film d'horreur. Aujourd'hui, on me laisse quand même un peu plus de latitude. Mais peut-être pas au point de couper des jambes en direct ou de faire faire des pirouettes à un pauvre chat.

La finale de cette saison 1 est à la hauteur de nos attentes : les trois duos de finalistes – David Ginola et Silvia Notargiacomo ; Sofia Essaïdi et Maxime Dereymez ; Matt Pokora et Katrina Patchett – ont préparé chacun trois danses, et relèvent le défi haut la main. Quand le résultat du vote du public tombe, et que Matt Pokora remporte le titre, je me dis que les deux ont livré la marchandise : au niveau des notes, la rumba de Sofia et Maxime a remporté trois « 10 », c'est vraiment exceptionnel. Cependant Matt n'a pas dit son dernier mot ! Je dois dire que toute la soirée, il a eu ce petit plus – chez moi, on parle du « facteur X », ce truc impossible à décrire qui vous distingue des autres – : il n'est pas juste le beau gosse et le gendre parfait, il est aussi talentueux, bosseur, innovateur, créateur. Il trime dur sans jamais se plaindre, mais surtout il rend toujours les autres meilleurs autour de lui. Respect, frère !

Finalement, c'est donc Matt et Katrina qui remportent le suffrage populaire – c'est toujours le public qui tranche à la fin – et ils deviennent les premiers gagnants de l'histoire de DALS. Une belle victoire, pleinement méritée. Ils ont réussi à fédérer toutes les générations, et les votes ont été démentiels. Avec un peu de recul, je réalise tout l'impact que Matt Pokora a eu sur notre première saison, et je pense que les bénéfices furent mutuels. Je suis sûr qu'il sera le premier à vous dire qu'il y a eu un « avant » et un « après » DALS, car la suite de sa carrière sera fulgurante.

J'ai aussi compris avec les années que le vote du public est essentiel à l'engouement pour une émission. Je pense qu'il fait partie de son ADN, même si c'est également très légitime d'être en désaccord avec lui. Alors n'hésitez pas à faire valoir vos opinions dans un scrutin, que ce soit pour une émission comme *DALS* ou pour toute élection que vous trouvez importante. Votez pour faire partie de la décision.

À la fin du prime, je ne peux, malgré tout, m'empêcher d'avoir un pincement au cœur. En toute honnêteté, cette version française n'a rien à envier aux autres versions diffusées depuis des années à l'étranger. Nous avons fait un travail exceptionnel, les stars ont tout donné, tous les voyants sont au vert. Moi, j'ai pris goût à cette ambiance et au public français, et je me verrais bien enchaîner avec une deuxième saison. Mais rien n'est moins sûr ! Dans l'après-midi, juste avant le dernier prime, Jean-Louis Blot a été très clair :

— Jean-Marc, je pense qu'on a fait du beau boulot, et qu'on a réussi notre pari. Mais je ne vois pas trop comment on va faire une deuxième saison. Ce show coûte très cher, et il faut qu'on réfléchisse si on continue l'aventure…

Ma déception est grande, mais pas question qu'elle gâche mon plaisir de vivre cette finale à fond. Si c'est la dernière fois que je suis sur ce plateau, alors je vais me lâcher ! J'imagine que les téléspectateurs auront remarqué – et m'auront pardonné ! – mes petits débordements d'énergie lors du dernier prime de la saison 1.

Danse avec les stars un jour, *Danse avec les stars* toujours…

Quand la saison se termine, je retourne à Montréal. Nous sommes en avril, les semaines passent… Et puis, un matin, je reçois un coup de téléphone du directeur de production (qui est depuis devenu un ami), Cédric Lacolley.

— Jean-Marc, tu fais quoi à partir de septembre ?

Je ne comprends pas tout de suite la question. Ou en tout cas, je refuse de m'emballer…

— Comment ça ? Septembre, c'est la rentrée dans les écoles de danse, la reprise des cours et des compétitions…

— OK, mais tu pourrais te libérer quelques semaines ? On lance la saison 2 de *Danse avec les stars* !

Je suis flabergasté ! Tu m'étonnes que je vais pouvoir me libérer, hors de question de manquer ça. Je me souviens comme si c'était hier de ce coup de téléphone ! Une saison 2 de n'importe quel projet, c'est une forme de consécration. Cela signifie que les efforts fournis ont porté leurs fruits. Je ressens de la fierté, la soif du défi et le désir de faire encore mieux… Tout cela me donne encore aujourd'hui la chair de poule. Mais je sais qu'il me faut convaincre la femme de ma vie, ma France. Car je dois m'exiler encore une fois. Pour Jean-Francis et Francesca, cela veut dire qu'à nouveau, ils devront vivre plusieurs semaines sans leur papa, et que France devra assumer seule toute la charge du quotidien. Après une très brève conversation, elle consent à me laisser partir pour un autre tour de piste. Je ne pourrai jamais assez la remercier.

Quelques petits aménagements sont prévus par rapport à la saison 1. Désormais, il y a sept primes au lieu de six, et on passe d'un show d'après les fêtes de fin d'année à un show de rentrée. Et ça, c'est complètement différent en matière de pression et d'audience ! Il va falloir assurer, mais je suis tellement heureux de renouveler cette aventure française extraordinaire. Je comprends rapidement que côté jury et animateurs, on prend les mêmes et on recommence. Mais qui sera au casting des célébrités ? À présent, les stars qui diront oui savent ce qui les attend. Et elles savent que ce n'est pas une émission comme les autres, mais véritablement un challenge aussi bien physique que mental. Comme je le dis souvent, *DALS*, c'est le *Koh-Lanta* de la danse.

Côté casting, je suis vite rassuré, car la production recrute encore une fois des célébrités extraordinaires :

il y a là Shy'm, qui est alors au sommet de sa carrière, Philippe Candeloro, que je surnomme « monsieur Énergie », le magnifique Baptiste Giabiconi, Sheila, incontournable, mais aussi Francis Lalanne, Véronique Jannot, l'ex-Miss France Valérie Bègue, Nâdiya, le champion de tennis Cédric Pioline. Un vrai casting de luxe ! Malgré tout, le fait d'avoir programmé l'émission en septembre est risqué, car c'est à cette époque de l'année que toutes les chaînes sortent leurs émissions et leurs séries poids lourds. Bref, ça aurait pu être un carnage, un vrai « pétard mouillé ». Mais en réalité, on fait un départ « canon », avec plus de 5 millions de téléspectateurs. Dans l'histoire des émissions télé, les baisses d'audience pour une deuxième saison sont beaucoup plus fréquentes que les hausses. Mais ce n'est pas notre cas, et nous démarrons sur les chapeaux de roue. Il faut dire que la production a mis le paquet pour proposer un show de qualité.

Je salue aussi au passage toutes ces personnes de l'ombre qui travaillent d'arrache-pied sur ce projet : on ne les voit jamais, mais elles sont tellement indispensables. Elles et ils sont partout : à l'édito, à la déco, au son, derrière les caméras, sur le plateau, dans le car régie... Cette armée se donne pour que l'on puisse faire notre métier : divertir. Très souvent, les gens critiquent sévèrement le contenu d'une émission, mais ils ne s'imaginent pas tout le travail, les heures et les heures pour la programmer et la réaliser. Les travailleurs de l'ombre sont, pour la plupart, des hommes et des femmes passionnés, et qui méritent tout mon respect.

Cette saison 2 est magique et pleine de surprises, comme ce jour où Philippe Candeloro débarque sur le plateau en moto. Les célébrités et les danseurs relèvent encore une fois le défi avec brio, et aussi beaucoup de maîtrise. La saison est finalement remportée par l'extraordinaire Shy'm qui a, tout au long des primes, fait preuve d'une détermination et d'un engagement sans faille. Je me dois aussi de souligner que son partenaire, Maxime Dereymez, est un véritable bourreau de travail, et qu'il amène toujours les célébrités à se dépasser, à aller au-delà de leurs propres attentes. Je pense que cette victoire a eu un vrai impact sur la carrière de Shy'm, qui entrera d'ailleurs dans le jury de la saison 3.

La BBC Studios France et TF1 Production ont toujours cherché à se renouveler, à se moderniser et à surprendre, et je ne peux que saluer cela. Alors pour notre troisième tour de piste, quel bonheur pour Chris et moi d'être pris en sandwich entre la brillante Shy'm et la non moins magnifique et talentueuse Marie-Claude Pietragalla. Cette dernière a été pendant des années la reine de l'Opéra de Paris, avant de créer avec

Julien, son chéri, une compagnie permettant de diffuser leur savoir à une nouvelle génération de danseurs. Le revers de la médaille, c'est que nous avons dû dire au revoir à notre copine Alessandra Martines. Avec Chris et elle, nous avons vécu tellement de « premières fois » tous les trois (je croiserai à nouveau sa route quelque temps plus tard pour un projet assez fou, dont je vous parlerai un peu après).

La saison 3 continue à construire la solidité de *DALS* : on passe de sept à neuf primes, et le nombre de téléspectateurs ne cesse de croître, avec près de 6 millions lors du deuxième prime. C'est énorme. On a vraiment l'impression que tous les bons ingrédients sont réunis pour que le gâteau lève. *DALS* devient une émission attendue. Et pour moi, c'est une saison spéciale, car deux personnes très chères à mon cœur nous rejoignent : Denitsa Ikonomova et Christian Millette. Je connais bien ces deux danseurs, car je leur ai donné de nombreux cours de danse. Ils me font extrêmement confiance dans leur carrière de compétiteurs, et je n'hésite jamais à faire appel à eux pour m'assister dans des projets d'envergure, comme sur *So You Think You Can Dance*, à Los Angeles. Quand je dois présenter mes chorégraphies aux États-Unis, la pression est énorme, et j'ai besoin de savoir que je peux compter sur un entourage de qualité, qui n'a pas peur de mouiller le maillot. Deni et Christian, c'est du solide. Alors quand la production m'a demandé si je connaissais des danseurs professionnels québécois qui pourraient participer à *DALS*, j'ai immédiatement pensé à eux.

Côté célébrités, encore un casting de ouf : un Emmanuel Moire impressionnant, une Amel Bent magique, un Taïg Khris extraordinaire... Sans oublier l'incroyable Gérard Vives. Il nous a fait rire pendant toute la saison avec ses reparties de feu et ses idées toujours hallucinantes. Un vrai show à lui tout seul, je l'adore ! Je dois reconnaître que ce n'est pas celui qui avait les plus grandes capacités de danseur au départ, mais son engagement (en anglais, on emploie le mot *commitment*) a été fantastique. Moi je dis : « Chapeau l'artiste ! » Pour moi, notre Gérard, c'est comme un alter ego. OK, physiquement, rien à voir avec moi : le mec est une montagne de muscles, et quand j'essaie de prendre la même pose que lui en élargissant mon dos, il me traite d'écureuil volant... Mais plus sérieusement, sa folie est contagieuse ! J'aurais aimé être dans ses souliers et m'éclater comme il le faisait. Je suis loin de prétendre que je suis aussi drôle que lui, mais son humour autant physique que verbal est un exemple de maîtrise et de timing que j'aurais aimé que l'on me permette d'essayer. Mais pour l'instant, ce n'est pas possible. Je suis juge, et un juge, ça reste à sa place.

Petite pensée aussi pour un autre candidat remarquable : le rugbyman Christophe Dominici, parti beaucoup trop jeune[19]. Il s'est lui aussi énormément investi dans l'aventure, et il nous a tous beaucoup touchés. Sa disparition a été un choc. Mais « *Danse avec les stars* un jour, *Danse avec les stars* toujours… ». Il fera à tout jamais partie de la DALS *family*.

Mais revenons à la compétition, qui est féroce. Le duo Emmanuel Moire et Fauve Hautot fait des ravages. Avec ses cheveux de feu, la belle Fauvette enflamme la piste, et se démarque très vite des autres danseurs. Chaque être humain est unique, mais Fauve a vraiment quelque chose de spécial. D'ailleurs, même l'immense et regretté Alain Delon lui déclarera qu'il craquait pour elle et admirait son talent dans la saison 9… De cette saison, je me souviens aussi de cette petite conversation que j'ai eue avec Emmanuel Moire après le premier prime. Ce jour-là, il me sort cette phrase, un peu énigmatique je dois dire :

— J'ai compris.

— Euh… OK, mais tu as compris quoi ?

— Tu verras la semaine prochaine…

Le soir du deuxième prime, je saisis le sens de ses paroles : ce qu'il avait compris, c'est que les gestes et la danse peuvent permettre d'extérioriser des émotions que l'on ne peut pas toujours dire en chanson ou avec des paroles. Ce soir-là, quand Emmanuel et

19. Il est retrouvé mort le 24 novembre 2020 après une chute de 10 mètres dans le parc de Saint-Cloud. Il avait 48 ans.

Fauve entrent en scène pour un fox-trot, sur le propre morceau d'Emmanuel, *Sois tranquille*, l'émotion est à son comble. Cette chanson est dédiée à son frère jumeau disparu dans un accident trois ans plus tôt, et cette fois, il utilise la danse pour lui rendre hommage. C'est un moment d'une intensité rare.

Passer des paroles ou d'une émotion aux gestes, j'en connais un rayon là-dessus, car nous, les mimes de la danse, nous nous exprimons toujours de cette façon. En remplissant l'espace avec son corps, le courant passe autrement, surtout quand le mouvement est initié par une joie ou une douleur interne et propulsé à l'extérieur avec délicatesse ou vivacité.

Ainsi, les gens reçoivent des images fortes. Le message devient clair et sans ambiguïté et, si on est authentique dans notre livraison du geste, il vous touche directement au cœur. Emmanuel avait compris tout cela.

La compétition est aussi très intense cette année-là. Emmanuel, Amel, Taïg, Lorie… tous se battent comme des lions. Taïg surtout. Je l'appelle « l'exécuteur », parce que lui et Denitsa se retrouvaient très souvent dans les derniers au classement, ce qui les mettait en danger prime après prime. Mais Taïg trouvait une façon de déboulonner son opposant au face-à-face !

Pour la petite histoire, le gars dormait presque à l'Olivier (le studio de répèt'), et la pauvre Denitsa devait suivre le rythme. Sa détermination a finalement payé car il s'est retrouvé en finale. Lorie et Christian Millette méritaient eux aussi d'y être, mais le destin en a décidé autrement… ou plutôt le vote du public a fait la différence. Ah, le vote du public : avec les années, comme je vous l'ai dit, je suis arrivé à une certaine zénitude à ce sujet qui peut facilement faire polémique. Aujourd'hui, que je sois d'accord ou pas avec le verdict des téléspectateurs, j'ai pris beaucoup de recul sur la question. Mon humble constat est que *Danse avec les stars* appartient ultimement au public. Que les gens veuillent nous suivre ou pas, que je sois heureux ou frustré, estomaqué, découragé de leur choix, ça a peu d'importance. Car comme le dit ce vieil adage : « Le client a toujours raison. » C'est notre clientèle, les fans de DALS, qui tranche, et ces personnes assidues à notre programme font comme dans n'importe quelle démocratie qui se respecte : elles s'expriment. Nous assistons parfois à un vote « réactionnaire » parce que les téléspectateurs sont fâchés contre nous les juges, ou bien parce qu'ils font passer leur amour pour la célébrité qu'ils veulent garder au-dessus de tout, même si c'est parfois au détriment du talent et de la performance. D'ailleurs, dans les émissions, les animateurs et animatrices l'ont bien compris quand ils ou elles prononcent la phrase qui tue : « Si vous voulez sauver votre candidat ou couple favori, votez en envoyant un SMS au... » (ou tout autre moyen). Alors parfois, je serre les dents et j'accepte. Je ne changerai pas d'opinion pour autant, mais j'ai appris à ne plus regarder trop en arrière. DALS, ce beau, grand et populaire divertissement met en lumière l'art de la danse de couple, mais il reste d'abord et avant tout au service du public. Point barre.

La finale entre Taïg, Amel et Emmanuel est extraordinaire, et c'est en définitive Emmanuel qui est sacré vainqueur. Cette soirée frôle les 6 millions de téléspectateurs, c'est fantastique et je pense qu'on peut dire qu'avec cette troisième saison, *Danse avec les stars* est devenue une émission phare de TF1. Pour fêter ce beau succès, les producteurs décident de programmer un DALS spécial Noël, qui est diffusé le 22 décembre 2012. Il réunit des célébrités qui ont marqué les trois premières saisons. Et surtout, c'est l'occasion pour Amel Bent et Christophe Licata de prendre leur revanche sur Emmanuel Moire. Chapeau bas, car leur performance est époustouflante. Ils ne raflent que des « 10 ».

Les Rolling Stones de la danse

Au début de la saison 4, nous passons la barre des 6 millions de téléspectateurs. C'est extraordinaire car en général, les shows de divertissement ont tendance, à la longue, à s'essouffler. Il faut dire que, à nouveau, le casting de célébrités tient toutes ses promesses. Brahim Zaibat et Katrina Patchett, Keen'V et Fauve, Alizée et Grégoire Lyonnet… il y a du niveau ! Sans oublier Laurent Ournac, véritablement incroyable. Souvent, on me demande quelles sont les célébrités qui m'ont le plus marqué, et Laurent en fait à coup sûr partie avec son aura extraordinaire. Avec Denitsa, ils ont bossé comme des fous. C'était vraiment bluffant ! J'en profite aussi pour dire quelques mots sur Christophe Licata, qui a dansé avec Laëtitia Milot : il s'est très vite démarqué des autres danseurs pros, et je l'ai vu prendre sa place dans le monde de la télé. Il a beaucoup apporté à l'émission. Est-ce sa personnalité, son énergie, son accent (il a la chaleur du Sud dans la voix) ? Peut-être un peu de tout cela. Ce qui est certain, c'est que tout cela donne toujours un petit plus à l'émission.

Je ne peux pas non plus passer sous silence un autre événement magique qui s'est déroulé pendant cette saison : la rencontre entre Alizée et Grégoire. Dès le début, nous remarquons qu'il se passe quelque chose entre eux. Une flammèche ou une étincelle, difficile à dire, mais ça ne passe pas inaperçu… C'est une évidence : ils kiffent danser ensemble, et leurs performances sont incroyables, comme ce *Lac des cygnes* qui se finit sous la pluie ! Ils deviennent une équipe indissociable, indessoudable, indéboulonnable. Leurs concurrents directs sont Brahim Zaibat et Katrina Patchett qui, lors du deuxième prime, nous racontent une très belle histoire sur *Papaoutai* de Stromae.

Les primes qui suivent sont intenses, jusqu'à la finale. Ce jour-là, Alizée n'est pas au top de sa forme. Son cou, ses épaules et son dos la font énormément souffrir, et elle est à deux doigts de déclarer forfait après la répétition générale. Quelques heures avant le prime, par un drôle de hasard, je passe près de sa loge. La porte est entrouverte et je vois Alizée et Greg perplexes, avec une petite mine. J'entre et je leur propose d'essayer un truc. Par le passé, j'ai déjà réussi à détendre les muscles de personnes mal en point en réchauffant mes mains puis en les frottant énergiquement, et en les posant sur les zones douloureuses. Ai-je des mains magiques ou magnétiques ? Je ne le sais pas, mais, en tout cas, Alizée se sent rapidement mieux. Et avec Grégoire, ils remportent la saison. Leur couple est vraiment magnifique. C'est comme si, à travers la musique et la danse, ils avaient trouvé leur propre rythme, leur propre chorégraphie de vie. Une rencontre qui a changé à tout jamais leur existence. Je croise souvent des artistes qui hésitent à faire *Danse avec les stars*, en disant qu'ils ne le feront jamais car ça leur semble « beaucoup trop difficile ». C'est vrai que c'est difficile, mais cette expérience en vaut tellement la peine !

À la fin de la saison 4, le succès est tel que la question de programmer une tournée se pose. *The Voice* a sa tournée, alors pourquoi pas *DALS* ? J'en profite pour saluer l'énorme travail réalisé par Cheyenne Productions et son équipe, ainsi que le patron, Claude Cyndecki, et sa garde rapprochée, Corinne et Alexandre Sorin. La tournée de *The Voice*, c'est lui, celles de *Stars 80* aussi. Que de grands succès ! C'est Claude Cyndecki qui me fera rencontrer, quelques années plus tard, le réalisateur Thomas Langmann. D'ailleurs, il faut que je vous raconte cette histoire, car elle est très drôle ! Ce dernier regardait une rediff de la série *Nos chers voisins* avec sa fille, Lou, où je jouais un coach un peu *crazy* de babyfoot aux côtés d'Isabelle Vitari et Gil Alma. C'est alors qu'il s'est exclamé :

— C'est le gars qu'il me faut pour mon prochain film !

Thomas Langmann est à ce moment en préparation de *Stars 80, la suite*, une comédie sur la tournée d'une troupe de stars des années 1980 qui fait un carton (directement inspirée de la vraie histoire de cette troupe !).

— Qui ça, Jean-Marc Généreux ? lui demande sa fille.

— Mais c'est qui ça, Jean-Marc Généreux ?

— Ben papa, le juge de *Danse avec les stars*.

— Mais c'est quoi, *Danse avec les stars* ?

Bref, ce n'était pas gagné ! J'ai finalement rencontré Thomas Langmann, et il m'a couvert de compliments. Mais je vous épargne l'épisode de notre deuxième rencontre où je pense qu'il ne m'a même pas reconnu... en tout cas pas immédiatement ! Toujours est-il que, trois semaines après, je me suis retrouvé sur un plateau de tournage en plein air à Courchevel, au beau milieu des Alpes françaises, entre Richard Anconina et Patrick Timsit. Et ça a été la catastrophe ! J'ai bien vu dans les yeux du réalisateur que ça n'allait pas du tout. Alors je lui ai demandé ce qu'il voulait exactement, et j'ai travaillé et retravaillé mon texte. Dans ma tête, je me disais : « Mais qu'est-ce que je fais là ? » Et puis, deux minutes après, cette phrase que je me répète très souvent : « S'ils sont assez barjots pour m'engager, je suis assez barjot pour le faire. » Et là, ça a marché. Alors que j'avais été engagé au départ pour neuf jours de tournage, il m'en a fait faire trente. Thomas m'ajoutera dans toutes les scènes. Et il en a même créé pour moi. Je garde un très bon souvenir de ce tournage, même si le film n'a pas reçu d'éloges à la mesure des efforts déployés. Il faut dire qu'il est sorti le lendemain de la mort de Johnny, le 6 décembre 2017. Et que, au niveau marketing, la bande-annonce a fait l'objet de choix que l'on pourrait qualifier de discutables.

Mais revenons en 2013, lorsque la tournée de DALS est lancée. Chris Marques, comme toujours, est impeccable dans son rôle de directeur artistique. Le 19 décembre, le top départ de la tournée est donné à Bercy devant une salle pleine à craquer (salle où j'ai mis les pieds pour la première fois quelques mois plus tôt, je vous raconterai cet épisode incroyable un peu plus tard...). Notre ambition avec cette tournée, c'est de proposer *Danse avec les stars* en 3D, de l'amener au public sans la barrière de l'écran, sans les coupures, sans les magnétos… tout en gardant l'identité de l'émission et le niveau des performances. Et bien sûr, les personnalités de chacun des juges.

Pour moi, c'est une expérience incroyable, et tellement différente de la télé. À la télé, il y a des procédures à suivre, tout un protocole. On ne peut pas dire et faire tout ce que l'on veut. Mais en tournée, c'est vraiment sans limites, alors je me suis complètement lâché ! On jouait à *Danse avec les stars*, même si les notes étaient réelles et qu'à la fin de la soirée, il y avait aussi un gagnant. C'était très drôle. Je me souviens aussi de l'enthousiasme du public : ils étaient tellement contents de nous voir en vrai ! Leurs applaudissements, cette ambiance extraordinaire… c'est probablement le plus beau cadeau qu'on ait jamais reçu. L'ambiance était fantastique. Mes « Et ça, j'achète ! » ont retenti dans tous les zéniths de France, repris en chœur par des milliers de spectateurs. Le bilan de cette première tournée : 50 représentations et quelque 215 000 places vendues. Les années suivantes, nous ferons cinq tournées de suite. Dans chaque région de France – où nous avons goûté plein de produits du terroir différents –, les gens nous attendaient à la sortie du bus pour prendre des photos. On avait l'impression d'être des champions de foot, ou de grandes célébrités. À la fin de chaque spectacle, les gens étaient debout, ils applaudissaient à tout rompre et on prolongeait le plaisir avec au moins quarante-cinq minutes à une heure de photos, d'autographes et de selfies. Nous sommes devenus les Rolling Stones de la danse. C'était vraiment énorme.

Tout cela m'amène à vous parler de ma relation actuelle avec le public, que j'aime toujours autant. DALS m'a certes donné l'occasion d'avoir un contact direct avec les gens, mais remplir un zénith de 4 000 ou 5 000 personnes, c'est carrément différent : j'ai vu de mes propres yeux et entendu de mes propres oreilles l'engouement et la fidélité de tous ces gens, qui ne cessaient de se manifester par des rires et de chaleureux applaudissements. En spectacle, il n'y a pas de régisseur, pas d'animateur de foule lui rappelant d'applaudir ou de réagir… Pas besoin non plus d'attendre les chiffres du lendemain à 9 heures du matin pour savoir si les audiences sont au rendez-vous : on sait en direct si telle ou telle vanne a l'effet escompté ou si elle passe dans le beurre[20] !

20. Rate sa cible.

Le spectacle vivant, je ne connais que trop bien au Québec, au Canada, aux États-Unis et même en Asie. Mais en France, je n'en avais jamais fait. Et le public français n'est pas dupe (aucun public au monde ne l'est finalement) : il veut que les artistes remplissent leur promesse, restent authentiques. Moi j'essaie toujours de faire honneur à mon nom de famille – Généreux – et de le prendre au premier degré.

Encore maintenant, je donne, que dis-je, je redonne au centuple l'amour inconditionnel que la France et le Québec m'ont généreusement offert au fil des années.

Je suis chanceux, oui ! Acharné aussi, car je ne prends jamais rien pour acquis, travaille sans relâche pour me renouveler, m'adapter en direct, en impro ou en préparation. Je reste dans le moment et j'utilise mes réflexes bizarres, qui se traduisent souvent en punchlines. Je crois que tout ça devient évident lorsque je suis en présence d'un auditoire : il fait souvent sortir le meilleur de moi-même. J'aimerais toujours conserver cet objectif de redonner en restant équitable, franc, avec la promesse de tout laisser sur scène, sans retenue, sans détour. Et au passage, j'adorerais aussi tenir un rôle récurrent au théâtre ou dans une fiction. Bref, le spectacle vivant, pour moi, c'est la vraie arène, le vrai combat que l'on doit gagner, un sourire, un rire ou une larme à la fois. Il n'y a pas plus arbitraire que d'être présent sur scène et d'attendre une réaction. Très souvent, les paroles et les gestes sont prémédités et on espère taper dans le mille soir après soir. Reste qu'aujourd'hui, je suis plus calme et plus serein quand vient le temps de faire de l'autocritique…

Heureusement, j'ai développé ce que j'appelle « l'autopardon ». Eh oui : si je me suis profondément investi, que j'ai mouillé le maillot, mais que j'ai fait une bourde, alors je me pardonne et tente instantanément d'apprendre de mes erreurs. Personne ne peut gérer efficacement une dualité, deux sentiments croisés, se blâmer en se détestant et se pardonner. J'ai choisi le pardon, je suis devenu mon propre grand frère qui arrive après coup et me dit : « J'ai vu ton erreur, mais tu as tout donné. Tu t'es trompé, tu es tombé… Maintenant, relève-toi, tête haute, et retourne dans la bataille. Mais apprends et corrige, car finalement, personne n'est parfait. »

Probablement qu'une forme de maturité a changé ma façon de voir mon travail, et surtout ma façon d'approcher les défis de ma vie.

Les saisons s'enchaînent, mais ne se ressemblent pas

La saison 5 arrive, et nous accueillons d'un seul coup deux Québécois que j'adore : Corneille et Anthony Kavanagh, mais aussi des couples magiques comme celui formé par le jeune comédien Rayane Bensetti et Denitsa, qui ont d'ailleurs fait plus que danser… Impossible également de ne pas dire quelques mots des deux candidats patineurs, Nathalie Péchalat, qui danse avec Grégoire Lyonnet puis avec Christophe Licata, et Brian Joubert, associé à Katrina Patchett, qui se sont tous retrouvés en finale face à Rayane et Denitsa, ces derniers ayant remporté la compétition. Petite note sur la sensationnelle Denitsa, qui s'impose de saison en saison. Elle mettait et met toujours la même ardeur au boulot, mais elle détient le « X » *factor* ! Le facteur « X », que j'ai mentionné plus tôt, c'est, ce petit plus, ce petit « je-ne-sais-quoi » qui fait la différence dans la mémoire des gens. Plus récemment, j'ai fait de nombreuses activités de promo et séances de dédicace avec elle, et c'est fou comment elle est aimée du public. Et elle le lui rend bien ! Pour ma part, j'utilise toujours la même méthode : prendre le temps de regarder les gens qui m'approchent dans les yeux, et parler avec mon cœur. Même si le moment est éphémère pour moi, il restera pour eux potentiellement gravé dans leur mémoire. J'espère qu'ils diront ensuite de moi, en montrant la preuve d'un selfie : « Jean-Marc, il est pareil qu'à la télé »... ou peut-être même mieux !

Saison 6, énorme changement : Vincent Cerutti nous quitte, remplacé par Laurent Ournac. Shy'm retourne à la chanson et c'est la belle Fauve Hautot qui prend place à nos côtés en tant que juge. Dès le premier prime, un candidat se détache très nettement : le jeune chanteur et compositeur Loïc Nottet, qui danse avec Denitsa. Sa fibre artistique est multifacette : il bouge, danse et chante comme personne. Il performe avec une unicité digne des grands artistes comme Prince ou Bruno Mars, mais avec une douceur et une humilité déconcertantes. Quant à Denitsa, elle use, encore une fois, de ses formules magiques pour faire rêver les fans de DALS. Quelle saison de ouf ! Leur performance sur la musique de Sia, *Chandelier*, a été vue et revue des millions et des millions de fois. Avec 35 « 10 », et un score de 160 lors de la finale (score encore jamais égalé en treize saisons !), le duo reste, à ce jour, le couple le plus récompensé toutes saisons confondues.

Quant à moi, je me sens bizarrement de plus en plus français... Et un événement marquant qui se déroule pendant cette saison, qui n'a rien à voir avec la danse, me fait comprendre mon profond amour pour ce peuple, pour ce pays qui m'a accueilli à bras ouverts. Quelques jours avant les attentats terroristes du vendredi 13 novembre 2015, je reçois une invitation pour le Stade de France pour le match amical France-Allemagne. L'invitation est vraiment tentante, mais je la décline pour me reposer et rester tranquille. Nous sommes la veille d'un prime, et le direct, ça ne rigole pas. Le vendredi 13 au matin, je me rends comme d'habitude aux répétitions, au studio 217 de la Plaine Saint-Denis. Au programme : enregistrer des petits magnétos de dernière minute et surtout prendre la température pour le prime du lendemain. En fin de journée, je retourne à mon Q. G. de l'hôtel Baltimore, et je m'installe au centre de mon grand lit pour regarder le match de foot. Le match commence et très vite, je remarque que l'attention d'un des joueurs, pourtant prêt à taper dans le ballon, est attirée par quelque chose d'inhabituel dans les gradins. Un bruit sourd, comme une détonation, mais le jeu se poursuit, et je ne me pose pas plus de questions. C'est alors que mon téléphone sonne. C'est France.

— Où es-tu ? me demande-t-elle, affolée.

— Dans ma chambre, je regarde un match de foot.

— Mais tu es proche ou loin des attentats ? insiste-t-elle.

Je ne comprends rien à ce qu'elle essaie de me dire. Quels attentats ? C'est alors que je décide de basculer sur une chaîne d'informations en continu, et que je découvre l'horreur. Je suis abasourdi. Impossible pour moi de rester tout seul dans ma chambre, je descends à la réception. Les gardiens de nuit me rassurent, me disent que tout va bien. J'éprouve alors cette sensation étrange que j'avais déjà expérimentée le 11 septembre 2001, lors des attentats du World Trade Center. Ce jour-là, j'étais en Floride, et je ne pensais plus qu'à une chose : rentrer à la maison auprès des miens.

Le lendemain, je vais au Bataclan, à la demande d'une équipe de télé canadienne. On me demande mes impressions sur ce qui se passe en France, et cela me fait tout drôle. Mais l'image qui me marque le plus, c'est celle de tous ces politiciens qui défilent ensemble, unis malgré leurs divergences politiques. Encore aujourd'hui, j'en ai les larmes aux yeux.

Dans la vie, il est normal d'avoir des différends,
mais il existe toujours une façon de dialoguer.
Là où les mots s'arrêtent, les gestes, eux,
peuvent aller plus loin. Nous, dans la danse,
nous utilisons les gestes pour faire du bien,
pour unir, pas pour créer la zizanie ou la tyrannie.

À ce moment-là, la *DALS family* est plus unie que jamais, nous sommes tous français, y compris moi, le Québécois de service. Mais au-delà de ça, on est tous humains. Le prime du lendemain est reporté, et puis la vie reprend son cours. Mais cette journée du 13 novembre restera à jamais dans ma tête.

Saison 7, un nouveau lot de célébrités magnifiques et de shows extraordinaires ! Je retiens particulièrement les performances d'Artus, remplies de grâce et d'élégance. Comme le dit Marie-Claude Pietragalla, il y a de la danse dans tous les corps. Il arrive même en finale avec sa partenaire Marie Denigot. Mais, à mes yeux, celui qui tire son épingle du jeu de façon spectaculaire, c'est Laurent Maistret, connu pour avoir remporté *Koh-Lanta* 2014… et maintenant *DALS* saison 7 ! À chaque performance, il apporte sa passion, son sourire, son énergie. Comme à chaque saison ou presque, nous avons également notre Miss France. Sur la saison 7, c'est Sylvie Tellier. Oh là là chihuahua, quelle détermination et quelle rigueur !

Saison 8, un certain Vincent Cerutti vient rejoindre la troupe des célébrités. J'ai trouvé cela courageux de sa part de passer de l'autre côté du tableau et de venir se prêter à son tour au jeu. La saison est aussi marquée par la présence d'Arielle Dombasle, qui est absolument magnifique, dans tous les sens du terme. Une femme élégante, cultivée, très érudite, mais aussi, comment dire, légèrement en décalage. Un jour, j'ai même cru apercevoir son vaisseau spatial stationné aux portes du studio 217… C'est une femme que j'adore : elle n'a pas peur de s'exprimer, et s'impose par son aura. Citons aussi la présence de Lenni-Kim, un jeune Québécois qui s'est fait connaître en France dans *The Voice Kids*, celle de Tatiana Silva qui s'est retrouvée en finale avec Christophe Licata, et puis celle d'Agustín Galiana avec Candice Pascal. Du top niveau ! Le comédien espagnol a vraiment laissé son empreinte sur la saison par sa sensualité et sa maîtrise. C'est un artiste multifacette, à la fois acteur, chanteur et danseur.

Mais la grande nouveauté de la saison 8, c'est quand même le jury, avec l'arrivée du danseur et chorégraphe Nicolas Archambault à la place de Marie-Claude Pietragalla. J'ai un respect énorme pour Nico : ce jeune homme a laissé sa marque partout où il est passé, sur SYTYCD *Canada*, aux USA et en France. C'est un artiste, un vrai ! Mais la plus grosse nouveauté, c'est la ribambelle d'animateurs ! Pour l'occasion, TF1 a fait défiler toute la brochette d'animateurs qu'elle a sous le capot. Karine Ferri, Nikos Aliagas, Christophe Dechavanne, Laurence Boccolini, Jean-Luc Reichmann, Jean-Pierre Foucault, Arthur, Carole Rousseau, Denis Brogniart et Christophe Beaugrand : ils y sont tous passés ! Avec le recul, je pense que cette année-là, la production se cherchait. Peut-être voulait-elle faire des changements et donc tester différentes possibilités ? C'était sûrement un peu risqué, mais les fans ont toujours été au rendez-vous.

Un vent nouveau souffle sur *DALS*

L'une des saisons les plus marquantes, à mes yeux, c'est la neuvième. Outre l'arrivée d'un nouveau juge et pas des moindres, le grand Patrick Dupond, danseur étoile de l'Opéra de Paris, connu et respecté dans le monde entier, on assiste au retour de la magnifique Shy'm. Cette saison opère aussi un grand virage, que dis-je, une mini-révolution, avec l'arrivée du jeune et talentueux Camille Combal, chargé d'assurer la co-animation avec Karine Ferri. N'ayons pas peur des mots : cela crée une onde de choc dans le PAF. Camille est alors très populaire à la radio, et c'est aussi une figure emblématique de C8, aux côtés de Cyril Hanouna dans *Touche pas à mon poste*. Énorme changement donc pour lui, mais aussi pour DALS ! Il amène une toute nouvelle énergie à l'émission, sa façon de présenter est complètement différente. Un vrai vent de fraîcheur ! C'est comme si un petit satellite tout coloré s'était amarré à cette grosse maison mère qu'est DALS, et que son occupant avait traversé jusque chez nous sur sa petite passerelle. Nous entamions notre neuvième saison, nous avions de l'expérience, nos marques et nos repères, nous savions où nous allions… Et là débarque un Camille Combal avec sa bonne humeur légendaire qui nous a rapprochés des gens.

Côté casting, pas mal de beau monde : Pamela Anderson (Miss *Alerte à Malibu*), Iris Mittenaere (Miss Univers), un certain Clément Rémiens, connu pour son rôle dans la série *Demain nous appartient*, sans oublier l'humour de Vincent Moscato ou encore les abdos de Terence Telle qui, j'en suis sûr, a fait rêver plus d'une téléspectatrice et d'un téléspectateur… La saison a été ponctuée de rebondissements, jusqu'à la finale entre Clément et Iris (à partir de cette saison-là, seuls deux couples arrivaient en finale au lieu de trois). Ils nous ont offert un show extraordinaire durant lequel le public a, je pense, pris conscience du niveau technique de la danse de salon et de l'attention portée aux détails. Iris Mittenaere et Anthony Colette n'ont rien lâché, mais Clément Rémiens et Denitsa (encore elle) ont fini en apothéose avec une danse libre spectaculaire et bien sûr, avec la victoire. En passant, Clément avait des capacités hors normes pour la danse sportive, et j'ai eu la chance de l'expérimenter lors du défi des juges : nous avons fait équipe en trio, et oh là là chihuahua, il danse le jive comme un pro ! Il aurait pu devenir un grand champion de danse sportive.

La saison 10, elle, est marquée par la présence de deux athlètes très différents : celle de Ladji Doucouré, double champion du monde d'athlétisme, et celle de Sami El Gueddari, champion handisport de natation. Les performances de Sami, né sans jambe gauche ni main droite, me scotchent littéralement à mon fauteuil.

Je prends conscience à quel point, nous les valides, nous nous mettons des barrières qui n'ont pas vraiment lieu d'être. Trop souvent, nous fixons nos propres limites en lien avec nos émotions, qui sont influencées par nos insécurités et nos peurs.

Quand je regarde ma fille Francesca, qui se lève toujours avec un sourire malgré son sévère handicap, je me dis que c'est ça, le vrai courage et la vraie résilience.

Mais j'y reviendrai plus tard.

Alors retournons à cette saison qui se finira en beauté, avec une finale d'anthologie entre ces deux grands champions. Dix saisons de DALS, ce n'est pas rien. Et cela fait déjà plusieurs semaines que je sens naître quelques questionnements… Dix ans, c'est long, et si on veut rester dans le coup, il faut se renouveler, se réinventer. Mais sans tout bouleverser non plus. Parce que, parfois, en cherchant à se moderniser, on en oublie certains fondamentaux, et les téléspectateurs ne s'y retrouvent plus. La modernisation, c'est une arme à double tranchant. Et, on le sait, on ne peut pas faire n'importe quoi : notre créneau du samedi soir est hyper convoité. Tout le monde se bat pour le décrocher. Pour le garder, nous savons que nous devons amener les gens à la terre promise. OK pour aller vers plus de modernité, mais hors de question d'oublier notre promesse. Et la promesse de DALS est claire : faire danser une célébrité qui ne sait pas danser (ou qui a peu d'aptitudes dans ce domaine) avec un professionnel, et voir comment ils vont évoluer ensemble. Impossible de changer cela… Mais alors que cette saison 10 se termine, nous sommes à mille lieues d'imaginer que ces questions vont être balayées d'un revers de la main par un événement complètement inattendu.

De ma petite chanson… à la scène des Enfoirés !

Revenons quelques instants sur cette fameuse expression qui, durant ces dix premières saisons, est devenue ma phrase fétiche, ma marque de fabrique, le fameux « Et ça, j'achète ! ». Dès le troisième ou quatrième prime, les gens ont commencé à m'interpeller dans la rue en me disant ces quelques mots. C'était, je dois l'avouer, assez drôle. Mais j'ai aussi très vite pris conscience qu'il fallait tout de même que je la distribue avec parcimonie, et pas à tout-va, car elle aurait perdu de sa valeur.

Elle est devenue partie intégrante de mon personnage, et j'ai même eu l'honneur d'être imité par plusieurs humoristes. La première, c'est Florence Foresti, en 2012 : elle m'a fait tellement rire ! Il y a eu ensuite Canteloup et aujourd'hui, c'est Marc-Antoine Le Bret. Au Québec, on me retrouve souvent imité dans *Revue et corrigée*, un genre de rétrospective annuelle qui revient sur les moments forts de l'année… On peut dire que je suis un très bon client. Je ne me suis jamais senti vexé, bien au contraire, car ces humoristes l'ont toujours fait avec respect.

Mais revenons sur le fameux « Et ça, j'achète ! ». Car il faut savoir que la formule a évolué : à partir de la deuxième saison, je n'avais même plus besoin de dire « J'achète », il suffisait que je prononce « Et ça… » pour que les gens finissent ma phrase. C'était si drôle ! Cela me fait penser à ces concerts où, à un moment donné, la star tourne le micro vers le public et où ce dernier entonne les paroles d'une seule voix. Ma petite chanson à moi tenait en quatre petits mots, mais peu importe, pour moi, c'était la consécration. Sans prétention, elle m'a permis de me positionner parmi les Québécois que l'on reconnaît, et qui ont été acceptés sur cette terre promise que représente la France.

Si cette expression a fait ma renommée en France, elle est aussi devenue très vite une fabuleuse carte d'affaires[21]. L'impact commercial a été énorme. Il faut dire que l'expression peut être utilisée à toutes les sauces. Et cela n'a pas échappé aux professionnels du marketing qui, du moins je l'espère, ont aussi été séduits par ma personnalité, et l'image que je véhicule. Pendant toutes ces années, j'ai donc travaillé avec de nombreuses marques. La toute première a été Atol. Philippe Peyrard, directeur général délégué, et Éric Plat, son président, m'ont repéré dès la première saison de DALS. Deux des candidats de la saison 1 étaient d'ailleurs, à l'époque, des ambassadeurs de la marque : Adriana Karembeu et Matt Pokora. En toute modestie, j'ai le profil parfait pour incarner une marque de lunettes : je suis myope et astigmate au dernier degré ! Sur scène, pour danser,

21. Une carte de visite.

je porte des lentilles, mais dans la vie de tous les jours, je me sens mieux avec des lunettes… Pendant cinq ans environ, je me suis donc impliqué dans le marketing d'Atol, notamment avec des actions sur le terrain lors d'ouvertures de boutiques. Cette expérience m'a donné l'opportunité de m'amuser et de visiter de fabuleuses régions françaises. J'ai fait le tour de France à lunettes à défaut de le faire à bicyclette. J'ai ensuite travaillé avec de nombreuses autres marques : Orange, Fiat, Era Immobilier, les clubs de sport Magic Form, le Rallye des Gazelles, dans lequel je suis toujours engagé.

Cette collaboration avec Atol m'a aussi fait vivre une expérience extraordinaire, un moment fort dont je me souviendrai toute ma vie. En janvier 2013, Philippe Peyrard, qui a obtenu deux invitations pour aller voir la captation du spectacle des Enfoirés à Bercy, me propose de venir avec lui. Je suis aux anges, car je ne suis jamais allé à un de leurs spectacles, et à l'époque je n'ai même jamais mis les pieds à Bercy. Arrivé dans les coulisses, je décide de me balader un peu. J'aperçois un long tapis que je décide de suivre, car il doit sûrement mener jusqu'à la scène. Je découvre la taille de la salle : 13 000 personnes, c'est gigantesque. Quand je m'approche de la scène, un vigile me fait comprendre que je gêne, j'essaie de me faire tout petit. C'est là que je croise l'un des grands responsables de la communication de TF1, Romuald Ferrer (comme chaque année depuis l'époque de Coluche, une captation du spectacle est réalisée sur deux jours et sera diffusée sur TF1 !).

— Jean-Marc, tu vas kiffer, me dit-il. Les Enfoirés ont prévu une parodie de *Danse avec les stars*, ça va s'appeler « Danse avec Bernard ».

Je n'en crois pas mes oreilles.

— Romuald, s'il y a une parodie de *DALS*, je veux en être. Et j'ai une idée. Laissez-moi monter sur scène pendant ce sketch… Je m'arrête en plein milieu de la salle, je regarde le public, je regarde les artistes et puis je me casse. Sans rien dire. Cela peut être très drôle.

Mon interlocuteur semble dubitatif. Le moins que l'on puisse dire, c'est qu'il n'est pas convaincu.

Quelques minutes plus tard, je vois débarquer Mathieu Vergne, le directeur des variétés et des divertissements de TF1. Il m'explique très clairement que tout le show est chorégraphié, minuté. Les répétitions battent leur plein depuis quelques jours, et on ne peut pas d'un seul coup faire des modifs. Surtout ce soir-là, qui est le soir de la captation pour la télévision. Je comprends ces impératifs… mais je suis de nature un peu têtue. Je rejoins la zone maquillage, où je croise Pascal Obispo. Ni une ni deux, je lui expose mon idée, qui fait son petit bonhomme de chemin. Il en parle à Patrick Fiori, puis à Mika… En quelques minutes, un petit attroupement se forme autour de nous : il y a là Mathieu Vergne, Véronique Colucci, Jean-Jacques Goldman… Soudain, le cercle s'ouvre, et je vois apparaître Gad Elmaleh. Il me fait un petit signe de la main, et je ne saisis pas trop sur le coup. Puis la réalisatrice m'annonce :

— OK, Jean-Marc, ce soir, tu fais Jean-Marc Généreux.

— Euh, comment ça ? Moi j'ai juste proposé de faire un passage éclair sur scène.

— Ah non non non, tu vas jouer ton rôle sur scène. Mais d'abord, direction le maquillage…

Et me voilà en train de me faire maquiller pour monter sur la scène de Bercy ! Avec le recul, cela peut paraître drôle, mais je vous assure que je n'en mène pas large. Quand le responsable d'Atol me découvre au maquillage, il ne comprend pas du tout… Mais pas le temps de lui expliquer : c'est à moi d'y aller. On me donne un micro, et on m'amène côté cour. Je n'ai aucune idée de ce que je vais devoir faire, je n'ai même aucune idée du contenu de cette fameuse parodie. L'angoisse monte… Et si les gens ne me reconnaissaient pas ? Et si je n'arrivais pas à prononcer deux mots ? Je vous rappelle que je suis à Bercy, devant 13 000 personnes !

Le temps presse, car je dois me mettre en position pour faire mon intervention surprise, mais surtout improviser ! Accompagné d'un assistant et d'un régisseur de prod, nous montons dans le noir, par l'arrière-scène, sur un échafaudage haut de trois étages, adjacent à la scène principale. Nous arrivons juste derrière une porte. Sur le mur, il y a un écran de contrôle, qui me permet de voir le sketch qui a déjà commencé. Je capte quelques images et essaie de comprendre de quoi il retourne. Puis le régisseur me tape sur l'épaule pour me faire monter sur scène… Je ne peux plus reculer… D'un seul coup, je fais irruption dans le sketch… mais je ne suis pas sur la scène principale, plutôt sur un petit balcon avec une vue en plongée sur les artistes, et je lâche :

— Mais ce n'est pas une parodie, votre truc. C'est une tragédie !

Je sens le public à la fois étonné et surexcité. Porté par l'adrénaline, je poursuis mon monologue. De l'impro totale ! Les quelques artistes qui sont au courant de ma venue sont morts de rire, tous les autres semblent halluciner. L'effet de surprise est absolu. Et puis, à la fin, je lance un énorme : « Et ça… » Je n'ai pas le temps de finir ma phrase que le public me répond en hurlant : « J'achète ! » Le pari est gagné, l'émotion que je ressens envahit tout mon corps. C'est comme si quelqu'un avait rentré ses mains dans mon corps et serrait tous les muscles de mon dos. Je n'avais jamais ressenti cela avant.

Lorsque je redescends les échafaudages pour rejoindre les coulisses, j'entends un grand rire rauque et je sens que des bras solides m'emprisonnent. C'est Garou. Je le connais bien sûr, mais je ne l'avais jamais rencontré.

— Tabernacle, me dit-il. Mais t'es qui toi ? T'as brassé les Français, et pis[22] ils ont ri.

Je dois bien reconnaître que, dans l'excitation, j'ai possiblement lâché des petits mots et des termes pas très polis pour les Français (les quiproquos entre Français et Québécois me font toujours rire). Mais bref, je suis toujours sur mon petit nuage quand la productrice me tend à nouveau le micro et me dit :

— Allez, retournes-y maintenant. Il faut que tu ailles chanter les chansons avec eux.

— Quoi ? Mais quelles chansons ?

— Les chansons des Restos du Cœur ! Allez, vas-y !

— Mais je ne connais pas les paroles.

— T'inquiète pas, il y a des prompteurs.

Et me revoilà sur scène, aux côtés de Garou et de sa grosse voix… Je tente de bafouiller quelques paroles, c'est très drôle.

À la fin du show, nous prenons une photo de groupe, j'ai l'impression d'être devenu un embryon d'Enfoiré. Toute l'équipe est apparemment convaincue par ma prestation, parce que, à ma grande surprise, on me propose… de revenir le lendemain et de refaire la même chose ! Wow, je suis aux petits oiseaux[23]… Le problème est que je ne me souviens pas vraiment de ce que j'ai raconté en totale impro pendant deux

22. Et puis, ensuite.
23. Être aux anges.

minutes. J'accepte malgré tout avec grand plaisir, sauf que, cette fois, je sais que je vais devoir apprendre les deux chansons du final.

Cet épisode des Restos du Cœur a été une expérience incroyable pour moi, un moment charnière dans ma carrière, mais aussi une étape très symbolique. Le petit Québécois que l'on intègre dans ce groupe d'élite français, ce n'est pas rien. À ce moment, je me sens tellement fier d'en être arrivé là tout en étant québécois. Même si nous parlons la même langue que les Français, nous ne vivons pas de la même façon. Comme nous sommes cousins, nous avons beaucoup de similarités, mais le marché de la télé, du cinéma, et même de la chanson, reste très territorial, voire local. C'est très rare qu'une personne venant de l'étranger ait une carrière exceptionnelle dans d'autres pays : on peut les compter sur nos dix doigts, et éventuellement nos orteils, mais pas besoin de plus. Tout le monde n'est pas un George Clooney, une Lady Gaga, ou une Céline Dion. Eux, ce sont des pontes, des monuments. Encore une fois, loin de moi l'idée de dire que le Québec est un village gaulois, mais la réalité, c'est que nous ne sommes que 8,5 millions d'habitants perdus sur une terre immense, au milieu d'une Amérique qui parle anglais ou espagnol à plus de 99 %. Le français reste très minoritaire, mais nous, au Québec, nous avons trouvé les moyens de défendre notre langue et même de la faire rayonner. Nous avons bâti un écosystème qui fonctionne et qui rayonne d'ondes positives dans le monde entier grâce à quelques célébrités. À sa petite échelle, le petit danseur que j'étais, que je suis et que je serai toujours a eu, grâce à toute cette aventure, l'opportunité de rayonner sur un territoire huit fois plus peuplé. Et ça, pour moi, c'est vraiment énorme !

Certains diront que j'ai eu de la chance. Certes, mais en réalité, je pense que cette chance, je l'ai provoquée. Je dis souvent que je ne suis pas du genre à marcher sur le trottoir. Moi, je marche toujours au beau milieu de la rue. J'ose les rencontres, je les provoque, je saisis ma chance...

Et aujourd'hui, je ne peux qu'être fier de tout cela, fier d'avoir fait partie d'un événement aussi emblématique que les Restos du Cœur. Céline Dion, Garou, Roch Voisine, Natasha St-Pier et j'en passe... toutes ces grandes stars ont leur place ici en France. Et aujourd'hui, c'est à moi qu'on la propose. Mais je ne suis pas dupe : je ne reste malgré tout qu'une goutte dans l'océan. Tous les jours, tout est à faire. On ne peut pas se reposer sur ses lauriers.

Chapitre 3

France, la danse et nous

Si j'ai choisi de faire de la danse, c'est parce que France faisait de la danse. La locomotive dans toute cette histoire, c'est elle. Au départ, je voulais être architecte. Avoir un métier sérieux, important, comme mon père, qui était comptable. Je voulais être aussi cultivé que lui. Mais une rencontre incroyable a chamboulé tous mes projets. Mon premier coup de foudre. Je n'ai que 9 ans, mais je sais que ma vie ne sera plus jamais la même.

Le justicier amoureux

Juin 1972. C'est la fin de l'année scolaire. Je raccompagne chez elle ma petite amie de l'époque, Sylvie. Sa copine Carole Mousseau se joint à nous. Après avoir déposé Sylvie chez elle, Carole me demande si je peux également la raccompagner. En gentleman, j'accepte. Carole habite dans les blocs Villeneuve, un ensemble de petits immeubles en briques blanches, tous identiques, de huit appartements chacun. Nous marchons dans cette immense cour arrière qui n'en finit plus. Elle s'arrête devant l'un de ces bâtiments, et je lui dis au revoir. Après avoir monté quelques marches, elle frappe à la porte. Une jeune fille lui ouvre. C'est là que, pour la première fois de ma vie, mes yeux croisent ceux de France Mousseau. BOUM ! Le coup de foudre est immédiat. Ma douleur au cœur est tellement intense que je m'arrête de respirer ; je suis sûr que j'en porte encore la marque. France me jette un œil (et quel œil, d'un bleu indescriptible !), puis elle regarde sa sœur, la fait entrer et referme la porte. Deuxième boum : cette fois, c'est le bruit de la porte qui claque. Je suis en train de mourir foudroyé sur place, et France, elle, ne me calcule même pas. Je n'ai jamais ressenti quelque chose d'aussi fort dans ma vie (bon OK, je n'ai que 9 ans, mais tout de même...).

De retour à la maison environ une heure et demie après la fin des cours (alors qu'il y a à peine 200 m entre l'école et chez nous), ma mère m'interroge sur les raisons de mon retard. Impossible de lui répondre. Elle n'insiste pas. Je suis le petit dernier d'une famille de six enfants, elle en a vu d'autres. Le lendemain, je n'ai plus qu'une idée en tête : retrouver cette fille. J'enfourche ma bicyclette, et je retourne sur les lieux du crime. Là où on m'a transpercé le cœur. Je ne peux pas laisser cette tueuse en liberté, il faut que je l'arrête, mais aussi que je la protège. C'est mon petit côté justicier amoureux.

Le problème est que tous les immeubles des blocs Villeneuve se ressemblent. Impossible de retrouver celui devant lequel je me suis fait foudroyer. Impossible aussi de frapper à toutes les portes. Alors, tout l'été, j'y retourne pour mener l'enquête. Peut-être croiserai-je à nouveau le regard de ma tueuse… Des jours, des semaines et des mois s'écoulent, mais France semble avoir disparu. Je passe petit à petit à autre chose. Il faut dire que je suis un gars facile d'approche et plus populaire qu'impopulaire dans le quartier. Enfin je crois. Je me fais facilement de nouveaux amis. Est-ce parce que je suis grande gueule ? Je ne sais pas. Beau gosse ? Mmm, pas vraiment. Ce qui est sûr, c'est que je suis un gars plutôt sympa et pas trop moche, qui ne cherche jamais les embrouilles et qui a quelques dispositions pour le sport. Aujourd'hui, avec le recul, je pense que c'est surtout parce que j'ai une bonne capacité d'adaptation. Quand je suis en France, terre de foot et de rugby, j'adore ces sports. Que dis-je, j'achète ! Et c'est la même chose pour ce qui est de la politique, de la science, de la culture générale ou même de la religion : tous ces sujets me passionnent, alimentent des rencontres impromptues qui se terminent souvent en amitiés. Ça, ça n'a pas changé !

Et puis le jour de la rentrée scolaire arrive. J'éprouve ce mélange classique d'excitation et d'inquiétude qui accompagne les débuts d'année : mes copains seront-ils dans la même classe que moi ? Y aura-t-il des nouveaux ? Je suis assis à mon bureau, et les deux tiers de la classe ont déjà pris place. Mais il n'y a toujours personne à ma gauche… Tout à coup, je vois apparaître dans l'encadrement de la porte une silhouette qui m'est vaguement familière. Mais surtout un regard que je n'ai pas oublié. C'est France ! Mais comment est-ce possible que cette fille que j'ai cherchée tout l'été débarque à la rentrée dans ma classe ? Et comment est-ce possible qu'elle prenne la place juste à côté de moi ? Car oui, c'est bien cette place-là qu'elle choisit. J'ai l'impression de rêver. De toute évidence, France, elle, ne se souvient pas de notre première rencontre. Lorsqu'elle se tourne vers moi pour se présenter, je reste tétanisé, tout juste capable de bredouiller mon nom.

Fort de mon statut de rigolo sympathique, je passe les jours suivants à essayer d'attirer son attention. Je suis très vite persuadé qu'il faut que je construise cette relation, et le destin est apparemment de mon côté… Autre hasard, et de taille : quelques jours après la rentrée, sa famille quitte les blocs Villeneuve pour s'installer dans un immeuble tout neuf, au 2298 rue Sainte-Hélène. C'est une rue parallèle à la mienne : j'habite au 2298 rue Préfontaine ! Juste pour info : au Québec, personne ne déménage jamais en septembre, car la tradition, sur notre magnifique territoire, c'est que tous les baux se terminent en même temps au 1er juillet. Mais par miracle (encore un !), l'appartement où sa famille s'est installée s'est libéré en début d'année… Si j'avais imaginé cela dans un roman, on m'aurait dit que ce n'était pas très réaliste. Mais cela me conforte dans l'idée que le destin est de mon côté, et que c'est la femme de ma vie. Je ne peux pas détacher mon regard d'elle, elle est tellement jolie. Et puis il y a quelque chose dans son visage qui me foudroie à chaque fois que je la regarde. Est-ce la forme de son visage, de sa mâchoire, de ses lèvres, de son nez ? Ou alors ses yeux d'un bleu profond, comparable au bleu de l'océan ? Mais je ne suis pas dupe : j'ai bien compris qu'elle ne partage pas le même niveau d'enthousiasme pour moi. Malgré tout, je pense que je réussis, petit à petit, à marquer quelques points.

Quand arrive le printemps, les choses s'éclaircissent : j'ai assez tergiversé, il faut que je passe à l'action. J'ai eu mes 10 ans en décembre dernier, plus de temps à perdre pour conquérir ma blonde et devenir son chum[24]. Alors j'y vais franco :

— France, je pense qu'on est bien ensemble. Tu es mon amie, et je suis ton ami. Mais j'aimerais que tu sois ma blonde.

— OK, me répond-elle, mais à une condition. Ma petite sœur Carole a le béguin pour ton copain Alain.

24. En québécois, on utilise les termes « blonde » et « chum » pour dire petite amie et petit ami.

Si tu réussis à ce qu'elle devienne sa blonde, je deviendrai la tienne.

Plusieurs décennies plus tard, ni Alain ni France ne se rappellent cette histoire, seule Carole peut en attester. Mais bref, je fais le deal, Alain achète le concept (je vous ai déjà dit que j'étais un très bon vendeur ?). France devient alors ma petite amie. Et je me souviens de notre tout premier bisou comme si c'était hier. Nous étions dans la cour d'école, assis sur un petit banc à l'écart. J'ai mon bras autour de son cou, et on peut dire que l'atterrissage a été réussi. Près d'un demi-siècle après ce premier baiser officiel (!), je vous assure qu'à chaque fois que mes lèvres touchent les siennes, cette saveur, cette douceur, ce goût, sont toujours intacts. Je me retrouve alors automatiquement sur ce même banc, à attendre impatiemment le prochain baiser.

Après ce jour, je vis la plus belle semaine de ma vie. Oui, parce que cette histoire n'a duré qu'une semaine ! Jusqu'à ce que j'apprenne par l'un de mes amis que France a embrassé d'autres garçons au jeu de la bouteille. Pour moi, il faut que je mette les choses au clair avec elle. Je prends le téléphone pour l'appeler. Comme dans toutes les maisons, il n'y a qu'un seul téléphone. Mais avec un fil d'au moins 100 m qui permet de sortir à l'extérieur avec le combiné pour essayer d'avoir un peu d'intimité. Et je vous rappelle qu'à vol d'oiseau, France habite à moins de 100 m de chez moi.

— Qu'est-ce qui s'est passé ? lui demandé-je.

— Rien. J'ai juste joué à la bouteille avec d'autres gars.

— Mais c'est pas comme ça que ça fonctionne. On est chum et blonde, ça ne se fait pas.

— OK, mais on fait quoi alors ?

— On arrête tout, c'est terminé.

— OK ! Bye.

C'est ainsi que ma semaine de rêve s'est achevée. J'ai vécu ce jour-là la première – et la seule – peine d'amour de toute ma vie. Mon cœur, déjà bien amoché par mon coup de foudre, s'est brisé en mille morceaux. Mais pourquoi lui ai-je fait confiance ?

Le reste de l'année scolaire, nous restons malgré tout amis. Nous avons même eu des poux ensemble : si ça, ce n'est pas un signe de proximité ! Nous ne sommes plus liés amoureusement l'un à l'autre, mais nous continuons à jouer tout le temps ensemble… Mais cela ne me convient pas. J'ai l'impression que ma ligne d'amour a bifurqué, et que toute ma vie est dés'ée.

Deuxième coup de foudre

À la rentrée 1973, je suis de plus en plus proche de la famille de France. Sa mère, Pauline, m'apprécie beaucoup. Chez les Mousseau, tout le monde danse, y compris les tantes et les oncles, et France et sa sœur prennent des cours de danse de salon tous les samedis (au Québec, on appelle cela la « danse sociale »). C'est une tradition familiale qui m'est totalement étrangère. La danse ne fait pas du tout partie de l'univers de notre famille, et en particulier de mon père, c'est le moins que l'on puisse dire. Chez nous, c'est l'école et les devoirs du lundi au vendredi ; et la messe et les visites des personnes âgées dans les hôpitaux le dimanche.

Un jour, la mère de France nous demande, à mon ami Jean-Pierre et moi, si nous aimerions rejoindre ses filles à l'école de danse, car il y a une pénurie de garçons. À l'époque, Jean-Pierre est mon meilleur copain. Il habite dans le même immeuble que les Mousseau, et tous les quatre, avec France et sa sœur, nous formons un clan. Des cours de danse ? Pourquoi pas ? C'est peut-être la solution pour me rapprocher enfin de France. Mais encore faut-il que mes parents acceptent. Pour mon père, la danse n'est pas un sport, et encore moins une activité pour les garçons. J'ai l'impression de pouvoir lire dans ses pensées : « Des cours de danse ? Mais je rêve ! Mon fils est un fifi[25] ! » Ma mère, elle, accepte de me donner chaque semaine en cachette les quelques dollars nécessaires pour payer les cours.

Ce que je ne sais pas au départ, c'est que je ne vais pas danser avec France. Sa mère a décidé qu'elle danserait avec Jean-Pierre, avec lequel elle forme un plus joli couple. Il a deux ans de plus que moi, il est plus grand, et

25. Homosexuel.

il a les épaules plus larges. Moi, je danserai avec Chantal, la cousine de France, une fille géniale. Elle est un peu plus jeune, mais surtout, elle doit faire une bonne tête de plus que moi. Mais peu importe : désormais, je vais passer mes samedis après-midi dans la même salle que France. Elle est la locomotive qui a emporté mon cœur, et il faut absolument que j'y raccroche mon wagon. Et puis, je veux être là pour m'assurer qu'elle ne rencontre pas d'autres gars.

Le jour de mon tout premier cours de danse, les filles sont rangées en ligne d'un côté de la salle, et les garçons de l'autre. Il doit y avoir deux fois plus de filles que de garçons. Une configuration idéale pour tous les gars de mon âge, mais mon cœur à moi, lui, ne bat que pour France. L'école de danse est dirigée par Antoine Préfontaine, un homme merveilleux, drôle et toujours de bonne humeur. Notre professeure, Paulette Lebacq, est une jeune femme gracieuse et ravissante, à la diction et au verbe parfaits. Elle est directe, précise, concise, un peu comme France, et elle sait aussi très bien se faire respecter tout en restant bienveillante. Et il en faut, de la discipline, pour encadrer notre joyeux groupe de garçons et de filles ! Elle a également pour particularité d'être belge : j'adore son accent, surtout lorsqu'elle prononce le mot « huit » (« houitte »). Paulette est encore de ce monde, mais Antoine nous a malheureusement quittés ; ils croyaient tous les deux beaucoup en France et moi.

Je suis probablement le plus petit de la ligne des garçons, mais ce jour-là, quand je me mets à suivre la silhouette et les mouvements de Paulette, cela n'a plus d'importance. C'est comme si j'entrais dans un nouveau monde. Je capte du premier coup ce langage corporel, cet alphabet du corps qui se dévoile devant mes yeux. Dans ma tête, c'est immédiat, presque instinctif. C'est tellement différent de l'école et des cours classiques ! L'école n'a jamais été « mon truc », plutôt un passage obligé, car j'étais très dyslexique. Pour être plus exact, j'en présentais tous les symptômes, mais je n'ai jamais été diagnostiqué. Ce qui était clair, c'est que je n'étais pas fait pour l'apprentissage classique. Ici, au cours de danse, je me sens enfin dans mon élément. Dans mon cœur, dans mon corps, dans ma tête et dans mon âme, c'est comme un deuxième coup de foudre. Pour la danse cette fois.

De retour de ce premier cours de danse, nous passons la soirée dans la cabane perchée où nous nous retrouvons parfois avec Jean-Pierre, France et Carole. Mais ce soir-là, par un drôle de hasard, Sylvie, l'aînée de la fratrie Mousseau, et son amie Linda, également âgée de 14 ans, montent avec nous dans la cabane. Nous décidons de jouer au jeu de la bouteille. J'embrasse toutes les filles présentes, y compris France. Je ne peux rêver mieux ! Ce soir-là, quand je rentre à la maison, je me sens incapable de raconter quoi que ce soit à ma mère, car je ne me souviens plus de rien. L'amour, l'amour, toujours l'amour…

Samedi après samedi, j'enchaîne les cours de hockey, où mon père m'amène le matin, et les cours de danse, où me conduit M. Plouffe, le père de mon ami Jean-Pierre, un homme merveilleux et dévoué. Au cours de danse, France est face à Jean-Pierre et moi face à Chantal. Les choses sont ainsi établies, et elles ne changeront pas pendant quatre ans. Les samedis sont toujours très spéciaux pour moi, car aux Loisirs Galaxia (le nom de l'école d'Antoine et Paulette), nous avons nos cours toute l'après-midi. Le soir, c'est la pratique des juniors, et nous restons pour répéter… C'est un peu comme une boum, mais de danse sociale ! De toute évidence, nos partenaires respectifs n'ont pas les mêmes motivations. Assez vite, Jean-Pierre me laisse répéter les pas avec France, tandis que Chantal reste sur sa chaise. Quand nos mains se touchent, il y a une vraie connexion, une énergie palpable, bref, il se passe quelque chose.

Mai 1974. Arrive notre toute première compétition de danse, le Bal des Étoiles, qui marque la fin de la saison. Entre nous, il n'y a pas d'esprit de compétition, mais nous sommes malgré tout curieux de savoir qui va être désigné vainqueur. Quand la musique démarre, je suis envahi d'une sensation incroyable qui dure le temps d'un cha-cha. Je réalise que ma vie ne sera plus jamais la même, et je comprends soudain pourquoi j'ai travaillé toute l'année. Je me sens parfaitement à ma place sur ce parquet, et cette sensation, je veux la revivre encore et encore. Chantal et moi arrivons premiers, France et Jean-Pierre troisièmes. Quand le maître de cérémonie prononce mon nom en public, j'ai l'impression que mon cœur se décroche. J'ai l'habitude d'entendre prononcer mon nom en classe, mais cette fois, c'est pour une tout autre raison. Aujourd'hui encore, cela me fait sourire : la mère de France, qui vit maintenant avec nous et pour qui j'ai toujours eu un profond respect, a dû penser qu'elle n'avait pas misé sur le bon cheval en choisissant quelqu'un d'autre que moi pour danser avec sa fille. De retour à la maison avec mon petit trophée, je retrouve mes parents qui, à mon plus grand regret, n'ont pas assisté au spectacle. Ma mère me félicite, elle est très heureuse pour moi. Mon père, lui, n'y jette même pas un œil.

En novembre 1974, une nouvelle compétition est programmée. France et Jean-Pierre sont deuxièmes ; Chantal et moi arrivons cinquièmes. Hors de question de perdre des points dans le cœur de France, alors je décide de mettre les bouchées doubles. Avec Chantal, nous répétons et répétons encore, je veux que l'on redevienne les meilleurs. Pendant les quatre années qui suivent, Chantal et moi alternons les premières places avec France et Jean-Pierre.

Danse avec ma star… enfin !

À la rentrée 1976, il est évident que Chantal est devenue beaucoup trop grande pour moi, mais cela ne dérange visiblement personne. De mon côté, je commence à danser de plus en plus régulièrement avec Carole, la sœur de France, qui se retrouve sans partenaire. Elle est un peu plus petite que moi, et ça change tout. Carole a un talent incroyable, mais cela ne se fait pas de changer de partenaire ainsi.

Été 1977. J'ai 14 ans, et j'ai officiellement décroché mon premier emploi : je vends des hamburgers, des hot-dogs et de la liqueur à la fontaine[26] dans un casse-croûte[27] à la foire de La Ronde, un parc d'attractions. J'ai besoin de cet emploi pour payer mes cours de danse, et les tenues qui vont avec. Je ne manque de rien, j'ai un toit sur la tête et ma propre chambre, mais avec six enfants, on ne peut pas dire que nous soyons riches. Mes camarades ont souvent de nouveaux vêtements ou de nouveaux souliers de danse. Pour moi, il n'en est pas question, alors je prends extrêmement soin de mes affaires. Ma mère m'aide à payer les cours de danse, mais si je veux faire des heures de cours supplémentaires ou

26. Boissons gazeuses.
27. Un fast-food.

acheter de nouvelles chaussures, il faut que je travaille. Cet été-là, Paulette Lebacq a décidé d'instaurer une classe d'été. Alors que Chantal est en vacances avec ses parents, je me retrouve à danser de plus en plus souvent avec France…

Un jour, alors que je suis à mon stand, je vois débarquer la mère de France et sa sœur, la mère de Chantal (que j'appelle aujourd'hui tante Lise). Cette dernière me pose alors la question :

— Est-ce que tu vas danser avec ma fille cette année ?

Ou plutôt : « Tu vas danser avec ma fille cette année », sans point d'interrogation. Car il s'agit bien d'une affirmation. Sur le coup, je ne sais pas quoi répondre mis à part un tout petit « oui ».

Mais dans ma tête, j'ai pris une tout autre décision : je veux changer de partenaire, et ce sera… France. En réalité, cette décision, nous l'avons prise un jour tous les deux, France et moi. Danser ensemble est pour nous comme une évidence : Chantal est trop grande pour moi maintenant, et Jean-Pierre n'a pas la même flamme que moi pour la compétition. Au départ, je dois bien avouer que France est beaucoup plus convaincue que moi, qui suis en plein doute : et si notre couple ne fonctionnait pas ? Je suis profondément amoureux de France et profondément amoureux de la danse sportive, mais je sais aussi que j'aurais continué à danser, même avec quelqu'un d'autre. Alors que ma réflexion se poursuit, je réalise que ce dont j'ai peur, c'est de moi-même : vais-je être à la hauteur d'une telle danseuse ? Son énergie est tellement puissante que je me sens minuscule à côté d'elle. Son côté animal, presque sauvage, et sa détermination, sont véritablement impressionnants. France a la génétique et le corps d'une athlète, elle aurait pu exceller dans n'importe quel sport d'élite. Moi à côté, le petit poulet, je n'en mène pas large.

Mais avant cela, il faut annoncer notre décision à sa famille. Après de longues tractations, la décision tombe et, à la rentrée 1977, France et moi devenons officiellement partenaires. Les choses sérieuses peuvent commencer. Daniel Préfontaine, le fils du directeur de l'école, se propose de nous donner gratuitement des cours de danse privés. Il deviendra en quelque sorte notre mentor. C'est un homme exceptionnel, surdoué, et surtout avec un cœur énorme.

La voie de l'international

Ma relation avec France aussi fait un grand pas en avant. Une après-midi, alors que je suis chez elle pour répéter, elle prend une pause après plusieurs minutes de danse intensive. Elle se dirige vers sa chambre, et je la suis. Et puis, je ne sais pas ce qui me prend, mais je l'embrasse. Je me souviendrai toujours de ce baiser : il a la même saveur que le tout premier que nous avions échangé sur le banc de l'école, et il goûte encore la même chose aujourd'hui. Pourquoi ce soir-là ? Je n'en sais rien, mais notre relation change à tout jamais. Je suis aux anges, depuis le temps que je rêve d'elle. Mais, pour une raison que j'ignore, pour elle, il n'est pas question d'officialiser notre relation pour l'instant. Alors j'accepte de vivre notre amour en silence. La situation étant très floue, il m'arrive d'embrasser une autre fille, Sylvie, la fille du directeur de l'école de danse. France le sait, mais ne semble pas s'en offusquer. Elle aussi vit sa vie, et elle a même accepté d'accompagner un autre gars à sa graduation[28]. Je le connais, il doit avoir un ou deux ans de plus que nous : il est grand, il est beau, et c'est un excellent danseur. Un soir, tandis que je suis chez Sylvie, France m'appelle même pour m'annoncer que ce gars lui a demandé de danser avec lui à l'étranger.

— Tu en penses quoi ? me demande-t-elle.

Ce que j'en pense ? Je peine à me retenir, intérieurement. Je hurle de colère. Je pense que France veut me tester, mais elle décide très vite de battre en retraite.

— On s'en reparle demain, me dit-elle en raccrochant.

Je prends conscience ce jour-là que c'est moi qui ai ouvert une brèche avec Sylvie, et que nous devons clarifier la situation entre nous une bonne fois pour toutes. Quelques jours plus tard, c'est chose faite.

28. Remise de diplôme.

— Je veux que tu sois ma copine pour le restant de ma vie. Cela fait trop longtemps que je t'aime. Tu me réponds tout de suite, ça passe ou ça casse : c'est oui, ou c'est non ?

— Oui, me répond France, les yeux dans les yeux.

C'est ainsi qu'à 14 ans, nous officialisons enfin notre relation. Dans la famille de France, personne ne paraît surpris. Pour tous, c'est une évidence.

Au fil des semaines et des compétitions, notre couple s'impose comme les Sonny & Cher, ou les Brad Pitt et Jennifer Aniston de la danse de salon. Ou plutôt de ce que l'on appelle la « danse sociale ». Au Québec, il y a effectivement deux grandes catégories dans la danse de salon : d'un côté la danse sociale, dont les standards et les syllabus[29] sont propres à chaque province du pays, et de l'autre, la danse internationale, où les standards et les pas sont communs à tous les pays. Ce qui ouvre la porte aux compétitions partout dans le monde.

Dans le petit monde de la danse sociale commence donc à naître cette idée que si Jean-Marc et France sont là, il est inutile de se demander qui va remporter la compétition. En toute modestie, bien sûr. Pendant deux ans, il n'y a pas une compétition locale, régionale, ou provinciale qu'on ait perdue. Nous avons

29. Un syllabus de danse est un document structuré qui décrit le contenu, les objectifs et les attentes d'un cours ou d'un programme de danse.

notamment gagné deux fois le Provincial, la compétition interrégions la plus importante du Québec. Pour la petite histoire, la deuxième fois, nous avons remporté le titre malgré une pénalité qui, aujourd'hui encore, me fait sourire : apparemment, je faisais trop de bruit en dansant. Ces petits « wouh », « zzzzzit » et autres onomatopées n'étaient pas autorisés. Les tennismen ont le droit de s'époumoner quand ils tapent dans la balle, mais les danseurs, eux, doivent garder le silence.

Nous avons maintenant 16 ans, et nous voilà face au dilemme le plus important de notre vie : si nous voulons passer dans la catégorie internationale, c'est maintenant ou jamais. La décision n'est pas si facile à prendre : en international, le prix des cours est le double, voire le triple. Et le coût des costumes peut monter jusqu'à 2 000 ou 3 000 dollars ! Est-ce que nous sommes vraiment prêts à quitter ce cocon où nous avons tout gagné pour nous lancer dans le grand bain de la compétition internationale, autrement moins confortable ?

De son côté, France peut compter financièrement sur sa mère et sur Phil, son beau-père. Cette dernière s'est séparée de son mari il y a quelque temps, mais son nouveau partenaire est plutôt à l'aise sur le plan financier. En ce qui me concerne, je sais que, si nous choisissons la voie de l'international, je vais devoir faire une croix sur mes études et prendre un job. À l'époque, les salaires moyens sont de 3 à 4 dollars de l'heure, et les cours de danse à 30 dollars de l'heure. Même s'il le voulait, mon père n'en a pas les moyens. Cela fait d'ailleurs déjà plusieurs années qu'il vit une épreuve difficile. Quand j'avais 12 ans – j'étais dans ma deuxième année de danse –, il a dû se faire opérer de la cataracte. Une opération anodine aujourd'hui, mais à l'époque, dans les années 1970, ce n'était pas si courant… L'opération s'est mal passée, et il a perdu la vue périphérique. Il ne supportait plus le soleil, ne pouvait plus lire longtemps et souffrait souvent de migraines. Alors que les ordinateurs commençaient à équiper les entreprises, il est devenu incapable de travailler, et aussi de conduire. Amoindri, maintenant dépendant des transports en commun pour se déplacer, cela a été très dur à vivre pour lui. J'ai vite compris qu'il fallait que je me débrouille seul, non seulement pour aller à mes cours de danse, mais aussi pour me payer des cours privés ou des tenues de danse.

Si nous choisissons la voie de l'international, nous devrons aussi changer d'école de danse. Ce qui est plus simple à dire qu'à faire. Deux options sont possibles : l'école de Pierrette Chartier, et celle de Méryem Pearson, le Studio 2720. Daniel Préfontaine, qui continue de nous donner des cours privés, fréquente la première école, et me décrit Pierrette Chartier comme une femme dynamique, et un poil exubérante. De l'autre côté, Méryem Pearson incarne pour moi la rigueur et le professionnalisme poussés à leur paroxysme. Avec son mari, Dave, ils font partie des pionniers de la danse au Québec, et ils ont monté une véritable usine à champions. France et moi décidons de prendre contact avec le Studio 2720. La discipline ne peut pas me faire de mal, et surtout, je suis un fan absolu de l'un de ses élèves, Denis Tremblay, que j'ai vu danser l'année précédente lors du Provincial. Lorsque j'appelle l'école de danse, on nous fixe un rendez-vous pour un cours avec… Johanne Leblanc. Je vous avoue que je suis un peu déçu : je m'imaginais déjà danser dans le cours de Méryem. Le jour J, alors que France et moi patientons, on nous informe que Johanne est en retard et que nous pouvons prendre un cours avec… Denis Tremblay ! C'est un moment véritablement extraordinaire qui nous conforte dans l'idée que c'est avec lui que nous voulons désormais danser.

Vivre avec et de ses choix

À l'époque, je viens de passer mon secondaire 5 (l'équivalent du bac) et d'entrer au Cégep (école d'enseignement supérieur), filière administration, dans l'idée de choisir une spécialité comptable, même si je sais que l'architecture est beaucoup plus adaptée à mon profil et à mes forces. En réalité, si j'ai fait ce choix, c'est pour faire plaisir à mon père en suivant ses traces, mais surtout parce que France a elle aussi choisi cette voie, ce qui me garantit d'être dans le même établissement qu'elle. Sans cela, les répétitions de danse auraient été limitées et il aurait été presque impossible de garder le rythme des compétitions. Encore une fois, j'ai choisi France et la danse. Mais France décide très vite que le Cégep, ce n'est pas pour elle, et qu'elle veut se consacrer à 100 % à la danse, ce qui suppose pour elle de décrocher un petit boulot. Je me retrouve tout seul au Cégep, alors que France prend le chemin du travail dans l'hôtellerie, où elle travaillait l'été. Je finis tant bien que mal ma première année, mais suis en permanence déchiré entre le souhait de mon père et mon amour pour la danse, qui est de toute évidence ma destinée.

Alors que je me prépare à entamer ma deuxième année, mon père décide d'appeler le doyen de l'école où se dispensent les cours d'architecture (car il sait que j'ai toujours gardé ce projet en tête), et il obtient pour moi un rendez-vous. Mais le matin du jour J, ma mère, ignorant cet impératif, me laisse dormir (je suis épuisé par ma journée de travail de la veille, je viens de commencer un boulot d'été dans une grosse boîte, et j'ai travaillé quatorze heures d'affilée !). Je rate donc ce rendez-vous qui aurait peut-être pu m'assurer une future carrière d'architecte ou, qui sait, d'ingénieur. Mais le destin a parlé, et je ne peux plus faire machine arrière. Ce jour-là, je prends la décision d'arrêter l'école supérieure pour m'investir moi aussi, comme France, dans l'étude du mouvement et l'art du rythme. C'est sûrement un peu moins orthodoxe que la comptabilité ou l'architecture, mais à mes yeux, tout aussi important, voire plus. Encore une fois, j'ai donc pris le même chemin que France. Elle, elle n'a jamais hésité. Elle croyait déjà en son avenir.

Mais faire ce choix implique que moi aussi, je dois gagner de l'argent. Quelques mois auparavant, j'ai heureusement fait une rencontre déterminante qui allait nous permettre d'asseoir notre carrière de danse en nous assurant un minimum de revenus : celle de Monique Lessard. En réalité, tout a commencé il y a quelques années, car, un jour, alors que j'accompagne France à un essayage de robe chez Francine Laflamme, la couturière qui confectionne les tenues de la plupart des élèves de l'école, je dessine une robe sur un bout de papier… Francine trouve cela intéressant, et je commence à l'assister. Sans vraiment savoir comment dessiner un patron, je le fais d'instinct, et elle remarque mes aptitudes : j'ai une bonne vision des volumes, de la logique, et un bon coup de crayon. Je me mets alors à dessiner toutes les robes de compétition de France. J'arrive avec mes idées folles et, avec Francine, nous passons à la réalisation. Nous faisons tout nous-mêmes. Pour les finitions, nous nous fournissons en perles et en strass chez Monique Lessard, qui elle aussi confectionne des robes de danse internationale.

Mme Lessard est impressionnée par le soin que nous mettons à la décoration des robes de France. Il faut comprendre que faire la confection complète d'une robe de danse sportive, avec la couture et le perlage, prend énormément de temps : parfois plus de cent heures quand il faut y ajouter les paillettes, les cristaux et tout le tralala pour que ça brille. Mme Lessard et sa fille Joëlle, qui veulent désormais se concentrer sur l'étape de la couture, nous proposent de nous associer avec elles. Nous n'hésitons pas un seul instant, sans savoir que notre partenariat dans ce business des costumes durerait plus de vingt-cinq ans ! Mon travail consistait principalement à vendre du rêve sur papier aux clientes, puis à faire de la magie avec Monique et sa fille pour que la version 2D soit spectaculaire en 3D. Le métier de designer, je l'ai appris tout seul, et j'ai utilisé toutes mes ressources intérieures et une vision qui m'était propre. Et je dois dire, en toute humilité, que dans le monde de la danse sportive, mes designs et nos confections étaient grandement respectés mondialement. France, sa sœur Carole et moi nous occupions de la pose des pierres. Et nous en avons collé des millions ! Au final, nous n'avons jamais compté nos heures. Le résultat était juste magnifique et bien sûr assez lucratif. C'est ce qui nous permettra, sur le plan financier, de pouvoir nous consacrer à notre passion de la danse sportive. Merci Monique Lessard d'avoir cru en nous ! Désormais libérés de toute contrainte scolaire, nous pouvons nous vouer à fond à cette carrière internationale qui nous tend les bras.

Ce choix, à la fois intuitif et émotionnel, de me lancer dans une carrière de danseur était un choix risqué, crucial, mais impératif dans le développement de ma relation avec France. Cependant, quitter les bancs de l'école à 18 ans pour buriner les parquets de danse autour du monde, c'était loin d'être évident… et cela ne l'est pas tellement plus aujourd'hui ! Au moment de prendre ce tournant et de choisir France et la danse, je suis certain de faire la bonne chose, parce que nous misons sur nous. Et nous donnons tout ce que nous avons pour y arriver.

Souvent, la complaisance ne fait pas bon ménage avec les sacrifices. Dans la danse, comme dans la vie, pour savourer la gloire, il ne faut jamais hésiter à choisir l'effort au confort.

Nous travaillons sans relâche chaque jour dans les salles de répétition. Nous avons tous les deux des caractères très forts et ne laissons jamais rien passer, mais nous nous efforçons toujours de rester respectueux l'un envers l'autre, ce qui n'a jamais changé entre nous et ce qui est peut-être l'une des clés de notre partenariat. Nous sommes aussi parfaitement complémentaires. France prône la sécurité, moi, je vise les rêves inatteignables, et nous arrivons très souvent à concilier les deux. France incarne la puissance et le talent, moi, j'ai l'acharnement, la détermination d'aller au sommet.

Qui aurait misé sur un gars de 5,6 pieds ½ (avec ses talonnettes), qui vient d'un milieu modeste dans un monde de richissimes athlètes de danse sportive soutenus par leur fédération ? Heureusement, mon ingéniosité financière nous a sauvés. Nous réussissons très vite non seulement à créer nos propres tenues de danse, mais aussi, grâce à la dextérité de France et à ma bosse des affaires, à vivre de nos créations. Pour nous permettre de nous mesurer aux meilleurs, nous cumulons ainsi chacun deux emplois. Nos incalculables heures de cours, de pratique, de sueur et de cors aux pieds nous ont valu des dizaines de titres. Nous avons participé à plus de 100 compétitions au Canada et aux États-Unis, notamment à plusieurs Ohio Star Ball ou au très prisé USBC (United States Ballroom Championship), battant à quelques reprises des champions du monde au Grand Championship contre tous les autres styles. Nous avons gagné de nombreux championnats partout sur la planète, en Europe et en Asie. Dont un championnat en particulier, qui se compare aux tournois majeurs dans les sports de haut niveau, le Blackpool Dance Festival en Angleterre, l'une des compétitions les plus prestigieuses au monde, dans une catégorie où aucun autre couple nord-américain n'avait réussi cet exploit. Le tout en cumulant au passage 1 million de points de fidélité dans les compagnies aériennes ! Après, nous passions au dernier niveau, le rang professionnel : beaucoup d'appelés, très peu d'élus.

Pendant toute notre carrière, nous avons donc redoublé d'ardeur pour réussir à nous faire notre place sur l'échiquier mondial. Premièrement, il nous fallait détrôner au Canada les champions de l'époque en danse latine, Pierre Allaire et Mireille Veilleux. Deux immenses champions, des modèles de professionnalisme au talent incontestable ! Nous étions les petits nouveaux, mais avec beaucoup de travail, de détermination, nous avons réussi à nous faire notre place, revendiquant 10 championnats professionnels canadiens, 4 championnats nord-américains, 2 championnats du Asian-Pacific (si je compare au foot, c'est l'équivalent de l'Euro), des finales à Blackpool, aux championnats du monde 10-danses... et plusieurs titres partout sur le globe.

Notre renommée, nous l'avons aussi construite grâce à nos spectacles. Notre esprit créatif et notre inlassable désir d'aller toujours plus loin nous ont permis de nous démarquer de la concurrence, et nous ont poussés à proposer des spectacles jamais vus auparavant. Nous essayions à chaque fois d'innover artistiquement et musicalement. Les bandes sonores que nous choisissions propulsaient automatiquement notre public dans notre univers, très souvent décalé. Nous avons fait trois fois le tour du monde avec nos spectacles, admiré les plus beaux paysages, les plus grandes villes, les plus beaux monuments. On dit que les voyages forment la jeunesse… La mienne a été comblée.

J'ai découvert le monde sous tous ses angles, j'ai pris mon pied en me perdant dans cette tour de Babel où la danse sportive est reine, et moi un des princes héritiers. Faire son métier dans certains environnements ayant des mœurs et une langue différente est très formateur, cela m'a permis de grandir plus vite et, sans prétention aucune, a fait de moi un meilleur humain.

J'adorais faire des spectacles, c'était le kiff du kiff. Car j'étais en contrôle total, je m'éclatais autant dans la danse que dans la chorégraphie, les costumes et la mise en scène. Pour moi, j'avais tout dans la même assiette, le parfait buffet artistique, je performais avec la femme que j'aime… et j'adorais aussi faire le show. Mes interventions au micro duraient trois plombes, mes histoires étaient parfois abracadabrantes. France trouvait cela interminable, mais les gens en redemandaient !

La naissance d'une famille

Alors que nous performons sur les plus grandes scènes au monde, l'horloge biologique de France commence à faire tout un vacarme. Fonder une famille a toujours fait partie de notre plan. Mais la voix de mon père résonne constamment dans ma tête : « C'est bien beau, la danse, mais te sens-tu capable de subvenir aux besoins d'une famille ? » Des revenus aléatoires, aucun horaire fixe, une disponibilité permanente… les contraintes sont réelles. Je dois reconnaître que mon paternel n'avait pas totalement tort. Mais cette phrase, je l'ai appliquée au premier degré, et j'ai toujours voulu que notre positionnement au niveau mondial et notre situation financière soient blindés avant d'entamer le processus de fonder une famille. Ce qui a donc considérablement retardé le début de cette grande étape de vie. Nous ne l'avons vraiment envisagé qu'à partir de 28 ans, soit presque huit ans après que France a manifesté le désir et le besoin d'être maman.

Sauf que la vie nous a fait faire d'innombrables pirouettes pour arriver à ce miracle. Pour certains, il s'agit presque d'une formalité. Pour d'autres, c'est un vrai chemin de croix ! Après un an et demi de bons et loyaux efforts, nous avons commencé à douter, à nous questionner, et nous en sommes arrivés à la conclusion que nous avions besoin d'aide. Comment deux personnes qui s'aiment et ont autant d'atomes crochus sur un parquet de danse ne peuvent-elles pas gagner cette choré de la vie que tout le monde connaît ? Pour le coup, nous sommes loin de nous sentir champions. À la clinique, on nous explique donc que notre rythme de vie n'aide en rien à réaliser notre projet. France est une athlète sans cesse soumise à la pression de la performance, et moi, je suis à la limite du surmenage… Ce n'est pas facile à entendre. Mais il y a des solutions pour nous aider à concevoir un bébé.

Octobre 1994. Nous sommes à Londres pour présenter notre spectacle devant tout le gratin mondial de notre discipline à la soirée The Night of 100 Stars (nous sommes très honorés par l'invitation car nous sommes les premiers Canadiens à être demandés !). Nous enchaînons ensuite avec The International Dance Championship au Royal Albert Hall, où nous nous frottons aux meilleurs danseurs de danse latine. Et le lendemain, direction l'Allemagne pour y disputer le championnat mondial 10-danses après trois semaines d'entraînement intensif, de coaching et de préparation de nouveaux costumes. De la folie furieuse alors que France est en plein traitement de fécondation. La veille de notre départ en Allemagne, alors que nous sommes à l'appartement que nous partageons avec deux autres couples canadiens, France fait une crise d'épilepsie ! C'est hyper impressionnant, je me mets à hurler. Mes amis entrent dans la petite chambre, tout aussi terrifiés que moi. C'est un vrai cauchemar. Je réussis à asseoir France sur le plancher, son corps est pétrifié, sa tête s'agite à un rythme effréné, la crise ne passe pas. Je suis désarmé et impuissant… Après un temps qui me paraît interminable, son corps se calme. Puis elle me regarde et me demande ce qu'elle fait au sol, et pourquoi elle est épuisée. À l'hôpital, les analyses sont rassurantes, et on nous explique qu'en cas de stress extrême, le corps a différentes façons de se défendre. Nous voilà face à un dilemme : on arrête tout, retour à Montréal, ou on continue, direction l'Allemagne. France n'hésite pas une seconde : « On fonce. » Deux heures de vol, plus quatre heures d'autocar plus tard, nous sommes sur le plancher de danse, le sourire aux lèvres comme si rien ne s'était passé. Mais nous payons ce choix très cher, car de retour à l'hôtel après quatre rondes de compétition, le même phénomène se produit : deuxième crise d'épilepsie !

Les médecins allemands nous affirment encore une fois que c'est peut-être dû au stress, mais qu'il n'y a pas de danger vital. Je ne l'entends pas de cette oreille. J'ai fait une énorme erreur en disant oui à l'Allemagne, mais cette fois, on arrête tout. J'avise les organisateurs que nous nous retirons de la compétition, et nous prenons le prochain vol pour Montréal. À notre arrivée, sa famille prend France en charge. Alors que je me suis assoupi (je n'avais pas dormi depuis soixante-douze heures), elle fait une nouvelle crise, devant sa famille cette fois. J'ai l'impression d'être dans *The Perfect Storm*, (*En pleine tempête* en québécois). Les spectacles, les costumes, les cours, les entraînements, les compétitions internationales, et un projet d'enfant… faites vos choix ! Mon choix à moi est vite fait : la santé de France est une priorité. À Montréal, elle rencontre, en l'espace de deux semaines, tous les meilleurs spécialistes dans le domaine de l'épilepsie, pour arriver à la conclusion... qu'ils n'ont pas de réponse ! Neurologiquement, tout est parfait. Mais sur le plan biologique, un médecin s'aperçoit un jour qu'aucune prise de sang n'a été effectuée. Cette analyse révèle finalement une hypothyroïdie : c'est sa glande thyroïde, qui ne fonctionne pas bien, qui est à l'origine de tous ses problèmes, de ses crises d'épilepsie, mais aussi de ses difficultés à tomber enceinte. Le mystère est enfin élucidé... et France tombe enceinte le mois qui suit.

Mais encore une fois, rien n'est de tout repos. À 12 semaines de grossesse, lors de la première échographie, nous passons de l'extase... à l'angoisse. Je suis à Londres, et je suis l'examen par téléphone. À notre plus grande joie, le docteur détecte la présence de jumeaux. C'est toujours une éventualité possible quand on réalise un traitement de fertilité. Mais quelques minutes plus tard, il nous annonce que l'un des deux a arrêté de vivre.

France porte en elle à la fois la vie et la mort : pour elle, c'est très difficile, mais elle se montre courageuse et optimiste, priant pour le meilleur des dénouements. Sa force, elle la puise dans notre amour inconditionnel et dans sa foi. Sa foi en nous, sa foi en notre future petite famille.

J'imagine la détresse d'une femme qui vivrait tout cela sans personne autour d'elle. Dans la vie, être bien accompagné peut faire toute la différence.

Ce premier chapitre de notre projet bébé se termine finalement en beauté avec la naissance de notre Jean-Francis (je voulais l'appeler Jean-François, mais France a mis son veto : après tout ce qu'elle a vécu, j'estime qu'elle en avait le droit). C'est un bébé en pleine santé, nous sommes super heureux, même si nous pensons encore souvent à cet autre petit être qui a vécu huit semaines dans le ventre de France aux côtés de notre fils.

France a repris très vite la compétition. Vingt-huit jours très exactement après la naissance de Jean-Francis, nous avons gagné notre neuvième championnat canadien professionnel ! Une femme forte ? Je vous le confirme ! Notre fils ne nous a apporté que du bonheur, c'était l'enfant parfait pour notre vie de fou : il était calme, dormait bien, et se développait à vitesse grand V. Un jour, il nous a confié qu'il avait un genre d'ami imaginaire, une présence qu'il sentait de temps en temps auprès de lui. Est-ce son jumeau avec qui il avait partagé l'espace restreint du ventre de sa mère ? Car Jean-Francis avait malheureusement vécu la vie et la mort de l'être qui aurait pu être un frère ou une sœur. Nul ne le sait. Ce que je sais, en revanche, c'est que mon fils est un être merveilleux, bourré de talent. Il excelle dans tout. Il s'est mis à marcher à 8 mois, et s'est très vite exprimé. Il nous a suivis partout autour du monde. On pouvait voir déjà très jeune qu'il portait en lui la bonté, et une grande joie de vivre… Le devait-il à son jumeau ? Nous ne saurons jamais comment sa vie aurait été différente avec un jumeau. Je sais juste qu'il n'a jamais changé la profondeur de son âme. C'est un fier défenseur des droits humains, il comprend le désarroi, l'oppression des gens qui souffrent. À sa façon, à son échelle, Jean-Francis essaie tous les jours de faire de cette terre un endroit meilleur, et c'est honorable. Bravo, mon fils.

Après la naissance de Jean-Francis, rien ne change vraiment dans notre vie professionnelle. Mais pour France et moi, le projet famille ne fait que débuter. Dix mois après la naissance de notre fils, France découvre avec joie qu'elle porte à nouveau un enfant. Mais elle le perd malheureusement à 5 mois de grossesse. Cette fausse couche nous laisse perplexes et vraiment sans réponse. Les docteurs sont unanimes : la nature est ainsi faite, et il n'y a aucune explication à apporter. Treize mois après cette terrible nouvelle, c'est l'annonce d'un test positif ! Plus question de prendre le moindre risque, surtout que France sent très vite des douleurs au ventre et note des petites pertes de sang. La grossesse se poursuit heureusement sans encombre et, le 13 janvier 1999, France donne naissance à notre deuxième enfant… Notre petite princesse, Francesca, rejoint dans notre humble royauté le prince Jean-Francis. Pour l'anecdote, le nom composé de mon fils fait écho au mien, qui est lui-même l'amalgame des prénoms de mes parents, Jeanne et Marcel (ils l'avaient sûrement choisi pour marquer la fin de leur « projet bébé » : j'étais le sixième, et le dernier, ma mère ayant presque 47 ans à ma naissance). Quant à Francesca, c'était le petit surnom que j'utilisais quand je disais des mots doux à ma belle France…

Notre ange du silence

Francesca est un bébé plein de vie, elle est toujours souriante et joyeuse. Mais son développement est très différent de celui de son frère. Alors que Jean-Francis est très câlineux[30], Francesca est très indépendante. Un premier signe que France repère très vite. Notre fille commence aussi à parler et à marcher plus tard que Jean-Francis. France note toutes les différences et elle sent que quelque chose n'est pas normal. Elle me fait par exemple régulièrement remarquer que Francesca ne tend pas les bras pour demander quelque chose, mais je ne vois pas vraiment le problème. J'essaie de la rassurer en lui disant que deux enfants n'ont jamais le même rythme de croissance, d'apprentissage

30. Qui aime les câlins.

et de développement. Mais vers 20 mois, Francesca commence à se renfermer sur elle-même. La petite dizaine de mots qu'elle a acquis – maman, papa, bébé, doudou... – et qu'elle répète après nous disparaissent peu à peu. Le dernier mot que sa petite voix merveilleuse et mélodieuse prononcera, c'est « papa ».

Une nuit, j'entends Francesca pleurer. Je me lève et entre dans sa chambre. Je vois dans la pénombre qu'elle regarde sa tétine, et qu'elle la veut. Elle est à environ 8 cm de sa main, mais c'est comme si elle ne savait pas comment tendre son bras... Je l'attrape, la mets dans sa main. Elle la place dans sa bouche sans hésitation, puis elle se rendort immédiatement. Je réalise alors que la situation est grave. C'est comme un choc, un cauchemar. Les soupçons de France sont donc bien fondés. Ce soir-là, j'ai vu de mes propres yeux que ma fille commençait à perdre ses fonctions motrices fines. Cette régression se poursuivra sans relâche dans les mois qui suivent.

Encore aujourd'hui, en écrivant ces mots, je suis envahi par la douleur, la nostalgie et même un peu de haine. Pourquoi elle ? Pourquoi nous ? Pourquoi moi ? France décide de prendre les choses en main, et de découvrir les raisons de la dégradation de son état. De quoi souffre notre fille ? Quel est le nom de cette maladie ? Nous avons la réponse vingt-quatre mois après la naissance de Francesca : c'est le syndrome de Rett. Francesca devient un ange silencieux avec qui la communication cesse d'être formelle, nous ne pouvons plus qu'échanger des sourires. France, Jean-Francis et moi assistons impuissants aux ravages de cette maladie qui lui vole tout : la dextérité fine et globale, la marche et le pire, la parole. Elle est désormais enfermée dans un corps qui arrête de grandir. Elle aura éternellement l'apparence d'une enfant de 8 ans.

Si j'ai écrit ce livre, c'est aussi pour partager l'envers du décor, celle de notre vie au quotidien avec un enfant différent. Je dirais même un enfant « oublié ». Oublié par le système, la société. Mais un enfant que France et moi, nous n'oublierons jamais. Tant que nous aurons un souffle et une pulsation cardiaque, nous nous dédierons à elle. Mais je sais que ma fille fait partie de ces enfants dont l'avenir ne tient que par un fil. C'est horrible d'écrire cela. Impossible d'exprimer avec des mots l'ampleur de ma douleur et de mon désarroi à l'annonce du diagnostic. Les pages du livre que nous avions planifié d'écrire ensemble, en famille, ont soudainement changé de couleur. Le temps s'est brutalement assombri.

Aujourd'hui, notre ange du silence est notre princesse, notre force et notre résilience. Pourquoi nous ? Nous cherchons encore la réponse. Le plus douloureux pour moi, c'est son mutisme. Nous faisons constamment des choix pour elle, sans avoir aucune idée de leur pertinence. Elle a forcément des goûts, des envies, mais elle ne peut valider aucune option par quelque forme que ce soit. Même un choix aussi basique qu'un verre de jus ou de lait. Quand je tourne les pages de son calendrier de vie, j'ai l'impression que la date reste la même : celle du jour où le syndrome de Rett, son « bourreau », a envahi son petit corps, et nous a fait entrer dans ce cauchemar qui ne finira jamais. Le traitement de ce syndrome n'est pas encore connu, et les chercheurs continuent inlassablement de travailler pour le découvrir. Même si, pour Francesca, l'irréversibilité est quasi certaine, nous gardons une forme d'espoir pour les générations futures.

Le courage, les regards pleins d'amour, le sourire et le soleil dans nos voix, la force, l'énergie débordante, sont nos ingrédients au quotidien de notre humble recette de vie. J'ai fait le choix réfléchi de partager notre histoire sur les réseaux sociaux et je n'hésite jamais à parler de notre famille dans les interviews, car je veux envoyer un message d'espoir et d'encouragement aux familles qui vivent les mêmes défis que nous. Leur faire passer ce message : vous n'êtes pas seules. Et leur dire que, malgré la maladie, on peut continuer à essayer de s'accomplir comme homme, femme, artiste ou autre.

Je dis toujours que la douleur, il faut la placer derrière nous pour qu'elle nous pousse, et pas devant nous pour qu'elle nous barre le chemin.

Je trouve dans le travail une forme de thérapie, de baume au cœur, je le fais avec fierté, respect, et en adéquation avec les paramètres que France et moi nous nous sommes donnés. En rédigeant ce livre, j'essuie mes larmes quand j'écris que ma femme et mes enfants sont « ma source éternelle de bonheur » mais, au final, j'espère envoyer un message de joie.

Je pense ici à tous les parents d'enfants « différents », et à tous ceux qui deviennent, bien malgré eux, des aidants naturels, à tous qui doivent faire face aux mêmes défis que France et moi. L'annonce d'un handicap, quel qu'il soit, impacte tout l'écosystème d'une famille. Elle provoque une onde de choc, une marque indélébile. Et parfois, elle donne même un coup fatal à l'unité d'une famille. Tout ce que l'on avait imaginé ressemble alors à un cauchemar. Aujourd'hui, France et moi nous avons trouvé une forme d'équilibre qui est mathématique, mais fondamentalement illogique. Une forme de paix, que l'on pourrait apparenter à une forme de bonheur. Mais la cicatrice ne se refermera jamais entièrement, les dommages émotionnels sont trop profonds. La fréquence des larmes a diminué, et nous avons fait une sorte de deuil, trouvé la force d'accueillir l'inconnu. Il nous a fallu trouver un sens à cet implacable illogisme : se retrouver à regarder un enfant, notre petit ange, qui n'a rien fait de mal, se transformer, perdre tous ses acquis, et devenir des spectateurs impuissants.

Il nous a fallu transformer notre peine et notre douleur en résilience, trouver une forme d'espoir, inventer une motivation sans borne pour assurer le bien-être de notre Francesca sans oublier notre fils.

Sans le sacrifice de notre entourage immédiat et même professionnel, nous aurions peut-être sombré. Qu'en est-il des autres familles, ou des familles monoparentales, qui ne sont pas arrivées à trouver leur paix ? De tous ces parents dont l'histoire s'est assombrie au point où même s'ils avaient reçu de l'aide, ça n'aurait rien changé, car il était déjà trop tard ? Parfois, la lumière au bout du tunnel ne se rallume pas. La fatalité et la lourdeur du désespoir finissent par dissimuler complètement le soleil, qui ne brille alors plus jamais, ni pour eux, ni pour leur enfant. France et moi avons eu la chance de trouver une route pour contourner l'inévitable. Notre couple est demeuré soudé, solide. Reste que les sacrifices ont été nombreux, notre florissante carrière en duo sur tous les parquets de danse et les scènes de la planète a subi une modification irréversible. Après le choc terrible du diagnostic, notre carrière a tenu encore une dizaine d'années. Nous nous sommes efforcés de garder le cap mais, au fil du temps et des besoins de notre belle petite princesse, nous avons pris à la décision déchirante de mettre fin à notre tandem de danse. Nous nous sommes imposé l'option solo, qui était pourtant pour moi la pire des options. France a pris en charge tout le côté administratif de notre business, elle est devenue cheffe de notre entreprise de costumes. Le tout en devenant l'aidante de sa maman, et en assurant son rôle de super maman à 1 000 % auprès de Francesca et de Jean-Francis.

J'ai donc fait le choix d'une carrière de « one-man » en tous genres. Je suis devenu le gars prêt à tout faire pour amener de l'eau au moulin, naviguant d'opportunité en opportunité, mais désormais sans ma partenaire, sans ma muse. Nous avons séparé nos forces pour assurer la pérennité de ce que nous avions construit de toutes pièces et continuons chaque jour de construire. Mais qu'en est-il de ces familles, de ces couples qui n'ont pas d'alternative, d'opportunités ou le pouvoir et la force de s'adapter, de se réinventer ? Quand on n'y est pas confronté, on ne peut pas s'imaginer le poids de la charge émotive et financière de vivre avec un enfant différent, trop souvent oublié. On se sent vite désarmé et perdu dans un système rempli de bureaucratie.

Trouver des proches aidants est parfois impossible, et quand ils existent, leur rôle est rarement reconnu par la société. Au Québec, je milite pour l'Académie Zénith, fondée par Maryse Tessier. Elle a créé cette association qui prend soin des enfants qui ont passé l'âge de 21 ans et vivent encore dans leur milieu familial. C'est le cas de son fils Tom et de ma fille Francesca. En France, je soutiens aussi l'AFSR (Association française du syndrome de Rett), et je n'hésite pas à en parler dès que j'en ai l'occasion. J'espère qu'un jour, ces endroits et associations qui se dévouent au bien-être de nos petits anges qui n'ont rien demandé, juste d'être aimés, respectés et d'avoir le sentiment de ne pas être uniquement des marginaux, seront reconnus, et que l'inclusion deviendra la norme dans un monde de plus en plus individualiste.

Chapitre 4
Ma vie de saltimbanque

En 2011, lorsque je pars à Paris pour le tournage de la première saison de DALS, j'envisage cela un peu comme de longues vacances. Pour moi, et aussi potentiellement pour France. Elle n'est pas mécontente que je sorte de ses pattes… DALS saison 1 a été un succès presque instantané, et nous avons enchaîné très vite, la même année, sur le tournage de la saison 2. France et moi avons longuement discuté de tout cela, de ce que mes absences auraient comme conséquences sur notre vie de couple et sur notre vie de famille. Cela allait sans aucun doute mettre à l'épreuve la résistance de notre couple, même si au final nous n'étions séparés que ponctuellement. Je ne partais jamais pour deux mois d'affilée, tout au plus vingt jours de suite, c'était devenu une règle. Mais malgré tout, vingt jours, c'est très long. Dans la balance, il y avait aussi, bien sûr, les conditions financières qui nous permettraient de réaliser tellement d'autres projets. Même si France ne m'a jamais poussé à accepter telle ou telle proposition parce que c'était bien payé. Elle a toujours fait passer mon épanouissement d'abord en m'offrant cette liberté de partir, de traverser l'Atlantique, malgré le quotidien très lourd à gérer à la maison avec Francesca et sa mère.

Un fantôme dans ma propre maison

Les saisons de *DALS* se sont enchaînées, puis les tournées, et on ne cessait de me proposer de plus en plus de projets en France : des partenariats ponctuels ou plus durables avec des marques, des apparitions dans des fictions, etc. La fréquence de mes voyages s'est accélérée, ce qui est devenu assez délicat à gérer pour moi, mais aussi et surtout pour France, et pour nos enfants. L'expression « victime de son succès » a pris tout son sens. J'essayais d'organiser mon agenda au mieux, mais comment dire non à toutes ces sollicitations ? Sans oublier que je continuais aussi à travailler aux États-Unis sur *SYTYCD*. Jean-Francis était adolescent, c'est un âge critique, et mes absences répétées ont pesé lourd dans sa vie. Surtout que j'étais également son professeur de danse (aujourd'hui, il aurait pu être sans l'ombre d'un doute un grand danseur professionnel et suivre mes traces, mais il a opté pour le graphisme et le marketing). Je suis sûr que Francesca elle aussi en a souffert, même si elle n'a jamais pu l'exprimer.

Ce n'est que bien longtemps après que j'ai mesuré l'impact de tout cela sur ma famille proche, mais aussi ma famille au sens large, celle de la danse, ici au Québec. France et moi nous étions tellement sollicités que notre agenda de coachings était booké jusqu'à trois ans à l'avance. Or quand j'étais à Paris, je ne pouvais pas assurer mes obligations de l'autre côté de l'Atlantique. J'étais flatté qu'on me demande de travailler en France, mais cela supposait que je dise non aussi aux autres propositions.

Moi, je donnais un nouveau souffle à ma carrière, mais qu'en était-il de mon couple et de ma famille ? Avec France et nos enfants, nous avons toujours gardé le lien : on se parlait très souvent au téléphone ou en visio mais, au quotidien, je n'étais pas présent physiquement à leurs côtés. Quand mon fils remportait ses matchs de hockey ou ses compétitions de danse, je n'étais pas là. Le pire, je crois, ce sont les conseils que je leur prodiguais par téléphone. Je n'étais pas là, je ne connaissais pas la situation qu'ils vivaient, mais je me permettais de leur dire : « Tu devrais faire ceci ou cela » ou bien « Non, ne fais pas ça comme ci ou comme ça ».

Le sentiment de culpabilité était bien sûr présent, mais je me disais que je faisais tout cela pour quelque chose d'encore plus grand. En réalité, je répondais au premier amendement édicté par mon père. À cette fameuse phrase qui est restée gravée dans mon esprit toute ma vie : « C'est bien beau, la danse, mais te sens-tu capable de subvenir aux besoins d'une famille ? » À chacun de mes choix, j'étais fier de pouvoir lui répondre « oui », et d'assumer. Je me nourrissais de cette popularité qu'on m'accordait, je me réjouissais de toutes ces propositions qui arrivaient, j'étais heureux de montrer à mon père que oui, la danse me permettait de subvenir aux besoins de ma famille.

À partir de la quatrième saison de DALS, le rythme s'est encore accéléré, avec le début des tournées… J'ai vécu près de cinq ans à un rythme fou, enchaînant chaque année trois mois de DALS, entre septembre et milieu décembre ; les foires et les marchés pendant les fêtes ; la tournée de DALS pendant deux mois ou deux mois et demi (environ 30 à 35 shows par an au total) ; puis direction la Californie pour environ trois semaines sur *So You Think You Can Dance*. Et entre-temps, j'honorais mes contrats de coaching, les cours de danse, et tous les autres projets.

Résultat : à la maison, je n'étais plus qu'un fantôme. C'est aujourd'hui assez difficile à dire, mais je revenais parfois à la maison pour moins de vingt-quatre heures !

J'arrivais vers 17 heures le dimanche soir ; à 20 ou 21 heures, j'étais tellement claqué par le décalage horaire que j'allais me coucher ; et je repartais le lundi vers 15 heures pour reprendre un avion. Quand je débarquais, il fallait que tout s'arrête pour moi, comme si c'était le retour de l'enfant prodigue, celui que tout le monde attendait. Genre « Hey, Elvis is in the house ! » ou « Attention mesdames et messieurs, voici Jean-Marc Généreux de *Danse avec les stars* ! ». Mais une famille, ça ne fonctionne pas comme ça. France avait appris à vivre sans moi, elle faisait tourner toute la maison, elle avait ses habitudes, sa propre mécanique, et moi j'arrivais comme un cheveu sur la soupe. En fait, je pense que je la perturbais plus qu'autre chose. Elle m'en faisait d'ailleurs parfois la remarque :

« Tu sais, Jean-Marc, si tu reviens juste pour vingt-deux heures, ce n'est peut-être pas la peine… » Moi j'étais heureux de rentrer, je serrais ma femme et mes enfants dans mes bras… J'avais l'air d'un officier en permission, mais en réalité, j'étais plutôt un artiste en perdition. Avec le recul, je pense que je me donnais juste bonne conscience.

Pour France, ce rythme de vie a commencé à devenir intenable. Cet énorme débalancement[31] l'a complètement ébranlée. Tout le monde autour de moi était fier de ma réussite outre-Atlantique, mais je ne me rendais pas suffisamment compte de ce que ma femme vivait. Tout ce que je ne faisais pas à la maison parce que je n'étais pas là, c'était elle qui s'en chargeait. Et c'était vingt-quatre heures sur vingt-quatre parce que Francesca, elle, n'a pas guéri miraculeusement, et qu'elle ne guérira de toute façon jamais. Ma femme ne m'a à aucun moment demandé d'arrêter ma carrière en France, mais elle en était arrivée à un tel état de fatigue et d'épuisement qu'il n'était pas possible de continuer ainsi. J'ai toujours eu l'impression de beaucoup travailler mais, en réalité, c'est elle qui travaillait le plus. À l'occasion de l'écriture de ce livre, je lui ai demandé comment elle avait vécu toute cette période. Tout son quotidien était devenu difficile, car elle s'occupait de notre fille seule en permanence : la lever, la faire marcher, la faire manger, l'amener à l'école… Et puis, comme elle le dit, elle déteste demander de l'aide aux gens autour d'elle. Et il faut remettre les choses dans leur contexte. En 2011, quand j'ai commencé DALS, Francesca avait 13 ans. Elle ne faisait pas encore ses nuits (il faudra attendre ses 15 ans), et elle pouvait

31. Déséquilibre.

faire des crises d'épilepsie à tout moment. Le lendemain de ces nuits agitées, je n'étais pas là pour prendre le relais de France, lui dire de se reposer. Elle devait continuer d'assumer.

J'avais l'impression que mon métier, c'était de rendre les gens heureux, mais je ne réalisais pas que je rendais malheureux ceux que j'aimais le plus. La tolérance dont France a fait preuve pendant toutes ces années est assez exceptionnelle. Très souvent, elle aurait pu me dire de rester de l'autre côté de l'Atlantique, et je l'aurais compris. Mais elle ne l'a pas fait.

Je me nourrissais de ce cercle qui, dans ma tête, était vertueux : je ne peux pas faire ce que je fais en France si France ne fait pas ce qu'elle fait à Montréal ; et France ne peut pas faire ce qu'elle fait si je ne fais pas ce que je fais. Aujourd'hui, avec le recul, je reconnais que j'avais tendance à ne regarder que d'un côté de l'histoire. Je ne me mettais pas assez dans les souliers de France, et la réalité m'a rattrapé… Les regrets pèsent lourd, mais je pense que la vie m'a aidé à avoir une meilleure prise de conscience. La vie, mais surtout la pandémie de Covid-19. Cette période a été pour moi un énorme choc, mais elle m'a aussi permis de remettre toutes les choses dans le bon ordre.

J'ai compris qu'il fallait que je fasse les choses différemment. J'ai alors commencé à être plus sélectif dans les propositions que j'acceptais, et à essayer de regrouper des événements sur les mêmes périodes, pour ne pas être trop souvent absent. Et surtout, j'ai commencé à dire « non ». Pas facile pour moi car, même si je ne souffre pas de schizophrénie, j'ai souvent l'impression qu'il y a sept ou huit personnes qui habitent dans ma tête. Entre celui qui dit « vas-y, c'est une offre en or, tu en es capable » et l'autre qui dit « c'est non, tu ne vas pas encore t'absenter une semaine », c'était compliqué.

Certains penseront que c'est juste une question de choix, de priorités, mais ce n'est pas si simple. Personne n'est irremplaçable, et je savais que si je commençais à refuser des propositions, on arrêterait de m'appeler. Malgré tout, j'en avais conscience : il fallait que je trouve un nouvel équilibre, plus judicieux, plus vivable, plus normal.

Aujourd'hui encore, cette réflexion est ma ligne de vie. C'est pour toutes ces raisons que, quand je suis à Paris, je ne fais que travailler. À l'heure où j'écris ces lignes, je suis dans ma chambre d'hôtel au Baltimore. Je ne la quitte que pour mes rendez-vous professionnels, je ne sors jamais le soir pour faire la fête ou pour mener une vie mondaine. J'essaie d'être le plus droit possible. Je ne peux pas me permettre de me créer une autre vie, par respect pour le combat que France mène à chaque minute, à 5 500 km de moi, pour notre fille et pour sa mère qui habite avec nous.

J'étais devenu presque intouchable

Alors que les dix premières saisons de DALS s'enchaînent en France, les gens commencent à entendre parler de moi au Québec… Dans mon pays, je ne faisais presque pas de télé, tout au plus quelques petites apparitions pour faire la promotion de *So You Think You Can Dance Canada*. Certaines personnes du milieu de la télé et de la danse connaissaient mon parcours, mais le grand public, lui, n'avait vraiment aucune idée de qui j'étais. Certaines célébrités québécoises comme Corneille et Anthony Kavanagh commençant à participer à DALS (saison 5), la presse s'est intéressée de plus en plus au petit juge qui venait du Québec, à son énergie un peu folle, et à ses expressions phares… C'était assez drôle car, alors que j'étais en tournage à Paris, des journalistes canadiens m'appelaient du Québec pour me poser des questions. Je leur répondais en duplex de ma chambre d'hôtel, avec la tour Eiffel en arrière-plan. J'étais en quelque sorte devenu le Québécois qui travaille en France. Sous-entendu : « Ah oui, toi tu bosses avec la France. Et ce n'est pas les mêmes budgets qu'au Québec. » Même si, honnêtement, les budgets des émissions de télé canadiennes n'ont pas à rougir face aux budgets français... Mais je me suis rendu compte que je renvoyais un peu cette image-là, bien malgré moi. Le mot « mythe » est trop fort mais, ce qui est sûr, c'est qu'une certaine curiosité se développait.

Un jour, j'ai rencontré un réalisateur québécois, Daniel Roby. Il m'avait appelé car il cherchait un chorégraphe pour son film, *Funkytown*. J'ai été stupéfait par le début de notre conversation.

— Écoute, Jean-Marc, je sais que c'est moi qui t'ai appelé et j'avais hâte de te rencontrer. Mais je te le dis tout de suite : je ne sais pas si on peut se permettre un Jean-Marc Généreux. Je ne sais pas si on a le budget pour ça !

On n'avait même pas encore parlé d'argent ! Je trouve cela dingue. Nous avons finalement trouvé un terrain d'entente, mais cet épisode m'a confirmé ce que je pressentais. J'avais un peu l'impression d'être devenu intouchable. Pour vous raconter le contexte, j'avais déjà joué quelques années auparavant dans plusieurs films, notamment *Dance With Me* ou encore *Shall We Dance*, aux côtés de Jennifer Lopez et Richard Gere. Cette dernière expérience, à Los Angeles, a été pour moi un moment mémorable. Le tournage a duré un mois, je me souviens que j'étais sur le plateau du lundi au vendredi, et que le samedi et le dimanche, France et moi faisions des spectacles partout aux États-Unis. Ma sœur Isabelle nous accompagnait, faisant office de nounou pour Jean-Francis, qui avait alors 2 ans. Nous vivions un peu une vie de jet-setteurs. Moi, le petit Québécois, dans une superproduction hollywoodienne, c'était incroyable !

Aujourd'hui, je continue heureusement à être sollicité à droite et à gauche pour des projets de toutes sortes : des projets d'envergure, mais aussi d'autres plus caritatifs. Certains sont embryonnaires, alors que pour d'autres, le train est déjà bien en route. Quel que soit le projet, je réponds à tout le monde, de façon positive ou par curiosité, juste pour en savoir plus. Ça ne veut pas dire que je dis oui à tout. Et si je dis non au final, ce n'est pas nécessairement parce que, financièrement, ce n'est pas intéressant, mais parce que, artistiquement, cela ne m'intéresse pas. « Artistiquement » : le mot est lâché. Pour moi, dire que je suis un artiste est compliqué. Je n'ai pas le syndrome de l'imposteur, je suis l'imposteur. Car en réalité, je n'ai aucun diplôme en art dramatique ou en communication, je suis totalement autodidacte. Or le problème, quand on est autodidacte, c'est que personne n'a jamais validé mes acquis, mes savoirs. La validation, c'est le public qui me l'a apportée. Et c'est ce qui compte aujourd'hui le plus à mes yeux.

Ma dyslexie, en réalité, a été ma chance. Elle m'a appris à voir la vie autrement, à me dire que finalement, dans la vie, tout est permis. Tant qu'on respecte l'autre, on peut tout faire. La diffusion du soleil est très large, et chacun peut profiter d'un de ses petits rayons. Je crois profondément que notre pire ennemi, c'est nous-même. Les limites n'existent pas en elles-mêmes, ce sont nous qui nous les posons. Parfois, c'est tellement plus facile de dire non que d'oser.

Et puis j'ai toujours en tête cette phrase que je me répète en permanence : « S'ils sont assez barjots pour m'appeler, je suis assez barjot pour le faire. » Certes, je me suis déjà trompé une couple de fois[32], mais dans tous les cas, j'ai appris quelque chose, et c'est là le plus important.

L'expérience, il n'y a que ça de vrai ! Bien sûr qu'on peut apprendre dans les livres, mais c'est vraiment en faisant les choses qu'on apprend.

Quand je prends du recul et que je regarde tout ce que j'ai accompli jusqu'ici, je ne peux pas avoir peur d'oser de nouvelles choses. Et de nos jours, c'est tellement

32. Quelques fois.

plus facile. Je viens d'une époque où il n'y avait que trois chaînes de télé et quatre boîtes de production. Il y avait beaucoup d'appelés et très peu d'élus. Aujourd'hui, les choses sont entièrement différentes. Chacun peut montrer très facilement ce qu'il sait faire sur les réseaux sociaux. Plus d'excuses pour ne pas oser.

Moi-même, j'utilise à fond les réseaux sociaux pour faire ma propre promotion, ou pour mettre en avant le travail des autres. Est-ce que j'ai le titre d'influenceur ? Peut-être... En tout cas, je crois que mon parcours peut inspirer. Avec France, nous avons relevé de nombreux défis, aussi bien professionnels que personnels. Tous ces détours que la vie m'a fait prendre, cette humilité à laquelle Francesca nous ramène sans cesse, ce parcours qui n'était pas écrit.

Aujourd'hui, ma vie est toujours clairement celle d'un saltimbanque : si vous me demandez quel métier j'exerce, je suis incapable de vous répondre. Je me compare souvent à un coffre à crayons de couleur[33], ou à un Rubik's Cube. Je suis toutes les couleurs. Mais j'ai pris conscience que j'avais négligé certains points de ma vie ou certaines responsabilités et j'ai construit un meilleur équilibre. Je sais que cet équilibre est fragile, mais aussi qu'à un moment donné, le téléphone va arrêter de sonner, et que je ferai partie du passé. Peut-être que les gens diront

33. Une trousse.

de moi : « Ah oui, ce gars-là, il était sympa… » Mais en réalité, je n'ai pas fait ça pour « être sympa », j'ai vraiment fait tout ça pour donner… Pas très étonnant pour un gars qui s'appelle Généreux. Et c'est drôle, car j'essaie toujours de l'être au premier degré dans ma vie.

Prophète en mon pays

Reprenons la chronologie des événements à fin novembre 2019, quand la saison 10 de DALS s'achève. C'est enfin le moment de rentrer chez moi retrouver ma femme, mon fils et ma fille. Le programme qui m'attend s'annonce bien chargé, car j'enchaîne presque immédiatement avec *Révolution en tournée* qui est, comme son nom l'indique, la tournée de l'émission *Révolution*. Montréal, Québec… que des grandes salles. Plus de 50 000 billets ont été vendus en l'espace de quelques semaines, l'engouement du public est dingue !

À la télévision canadienne, l'émission *Révolution*, lancée l'année précédente à l'automne 2018 sur le réseau privé francophone TVA, une chaîne généraliste non gouvernementale un peu comme TF1, est déjà un vrai succès. Elle a décroché des parts de marché vraiment énormes, et elle ne cesse de prendre de l'ampleur. Ma notoriété grandit jour après jour, et cela à ma grande surprise. Et pourtant, au départ, il n'y a que peu de chances que je participe à cette formidable émission. Un peu comme avec DALS d'ailleurs… Comme quoi, la vie réserve parfois d'immenses surprises, qu'il ne faut jamais laisser passer.

Pour vous raconter toute l'histoire, la première fois que j'entends parler de l'émission *Révolution*, c'est un peu avant l'été 2017, sur un parking. Ce soir-là, nous allons, France et moi, assister au spectacle de magie d'Éric Antoine au Théâtre Saint-Denis, à Montréal. Je suis en train de payer mon stationnement quand une dame m'aborde et me dit :

— Monsieur Généreux, vous avez vu passer cet article sur Facebook ? Un nouveau show télé de danse est en préparation, ça va s'appeler *Révolution*...

Puis elle poursuit :

— Dans l'article, il y avait un petit sondage... ils demandaient si nous avions des noms de juges à suggérer. J'ai tout de suite pensé à vous. Moi, je vous verrais bien dans cette émission...

Les questions se bousculent dans ma tête pendant tout le spectacle. Comme le dit le dicton, « nul n'est prophète en son pays ». En termes de présence à la télé, comme je vous le disais, c'est vraiment mon cas. Autant je suis connu en France et même à l'étranger, autant, dans mon propre pays, je fais la ligne[34] au marché sans que personne ne me reconnaisse. À la télévision québécoise, trois shows télé de danse se

34. Faire la queue.

sont déjà faits sans moi : *Le Match des étoiles*, *Danser pour gagner* (l'adaptation de l'émission américaine *America's Best Dance Crew*, en 2018) et *Les Dieux de la danse*. Pendant que moi je rayonne à l'étranger sur *So You Think You Can Dance* à Los Angeles sur la Fox, sur *So You Think You Can Dance* au Canada en anglais sur CTV, et sur *Danse avec les stars* en France, personne ne m'appelle dans mon Québec natal pour faire une émission ! Pourquoi ? Je suis pourtant un garçon bien éduqué, propre, je prends une douche tous les matins, et je ne pense pas avoir une trop vilaine tête. C'est peut-être ma voix... OK, on ne peut pas plaire à tout le monde, mais je me dis que j'ai peut-être raté quelque chose.

Le spectacle de magie se termine sous des applaudissements à tout rompre. Mais dans ma boîte crânienne, le hamster tourne toujours autant dans sa roue. Un vrai marathon ! Le retour à la maison n'est pas de tout repos, France voit bien que je suis préoccupé… Je le suis effectivement, et j'ai beaucoup de mal à dissimuler ce sentiment d'urgence qui m'habite soudainement. Il est très tard, et de drôles de réflexions m'envahissent. Peut-être que c'est ma faute. Ma transparence, ma non-présence sur le petit écran… et si, après tout, je ne pouvais m'en prendre qu'à moi-même ? Les producteurs et réalisateurs ne me connaissent pas, et j'aurais dû davantage me manifester, dire que moi aussi je suis sur les rangs pour participer et intégrer ce genre d'émission…

En arrivant à la maison, comme je sens bien que je vais avoir beaucoup de mal à trouver le sommeil, je décide de prendre les choses en main. Première étape : retrouver cet article Facebook dont m'a parlé cette dame sur le parking. Il est presque 1 heure du matin. Jusque-là, rien de très compliqué : je trouve assez facilement le nom du producteur et de la maison de production. Et je décide d'écrire aux deux : à Guy Villeneuve directement, et à Fair-Play. « Bonjour, mon nom est Jean-Marc Généreux, je suis danseur, chorégraphe – plus le blablabla que l'on voit dans un CV… J'ai plusieurs années d'expérience en tant que danseur professionnel, j'ai déjà monté plusieurs shows, je suis juge sur des émissions de danse en Amérique du Nord et en France. » Bref, je déroule tous mes faits d'armes à mon avantage, mais sans mentir non plus, j'écris juste la vérité. Et puis je termine par cette formule : « Avant que vous ne preniez votre décision sur la composition du jury de votre prochaine émission, j'aimerais avoir audience avec vous si c'est possible. »

Une semaine passe. Deux semaines, et puis un bon mois. Et un matin, je reçois un message d'une certaine Marianne Boulet, productrice au contenu chez Fair-Play. Quand je vois ce nom s'afficher sur ma messagerie, je sens mes oreilles devenir toutes rouges. J'ai le cœur qui bat à mille à l'heure quand j'ouvre son message.

« Bonjour monsieur Généreux, merci d'avoir pris contact avec nous. Nous en sommes ravis, mais je dois vous informer que nous n'en sommes pas encore à l'étape du choix des juges. Nous sommes toujours en train de réfléchir à la construction du show. Sachez cependant que nous serions ravis de vous rencontrer si vous êtes disponible. »

Rendez-vous est pris un mois plus tard. Une rencontre fabuleuse dont je garde un souvenir inoubliable. Il y a Marianne Boulet, Guy Villeneuve, le producteur exécutif, Marie-Ève Dallaire, la vice-présidente exécutive, et un jeune homme qui travaille pour la chaîne TVA. Et là, j'active le mode « show ». Pour tout vous avouer, même si je suis plus connu par le public français pour être le gars qui « achète », en réalité, ce que j'adore faire, c'est vendre. Je ne sais pas si je suis un bon vendeur, mais en tout cas, j'adore ça. Je vous assure que si j'étais poissonnier, tout le monde se presserait devant mon kiosque[35]. « Venez voir, j'ai les poissons les plus frais ! » Mais bon bref, quand je suis dans ce genre de rendez-vous où il y a un peu de pression, j'ai la sensation de sortir de mon corps, et de me juger en direct : « Là Jean-Marc, c'est super, tu marques des points » ou alors « Attention Jean-Marc, c'est pas top là ce que tu fais… » J'ai adopté cette habitude tout petit, lorsque je participais à des mini-concours d'art oratoire. Ma mère m'y avait inscrit dès la maternelle

35. Mon stand.

pour tenter de canaliser mon déficit de l'attention et mon trop-plein d'énergie. J'avais déjà le goût de parler, et de bien parler.

Alors que je fais mon show devant tous ces grands pontes de la télé, tout en réalisant mon autocritique en même temps, je vois bien que, dans leurs yeux, il se passe quelque chose. Ils ont rencontré la personne que je voulais qu'ils découvrent, et visiblement, eux aussi ont rencontré la personne qu'ils voulaient découvrir. Mais sur le coup, j'ai une drôle d'impression. Comme si j'essayais de faire entrer un carré dans un rond. Je les fais sourire, ils apprécient mon dynamisme et, sans prétention aucune, je vois qu'ils sont sous le charme... Mais il y a autre chose. Ils me répètent qu'ils n'en sont pas encore à l'étape du choix du jury, et qu'ils ont prévu trois chaises : la première pour un juge issu du monde de la danse classique et contemporaine ; la deuxième pour un juge issu du monde de la danse de rue, hip-hop et commerciale ; et la troisième chaise pour la danse de couple, comme le ballroom, autrement dit la danse de salon ou danse sportive. C'est bien sûr cette troisième chaise qui m'irait le mieux... Cette petite réunion dure à peu près une heure et demie. À la fin, tout le monde arbore de larges sourires. Mais aucune promesse n'a été faite. Pas de lueur d'espoir mensongère. Je repars avec un baluchon vide et, en toute honnêteté, très content de ma performance comme « vendeur du mois ». Mais en réalité, mon énergie communicative, mes envolées lyriques et mes belles parades n'ont pas fini en tir cadré. Bref, j'ai manqué le but. Quelque chose m'échappe !

Peu de temps après, j'ai su à travers les branches[36] que deux juges hommes étaient déjà sur les rangs pour les deux premiers sièges (danse contemporaine et hip-hop). Alors impossible de proposer un show de danse avec un jury 100 % masculin, ça ne fonctionnerait pas… Je suis hyper déçu, car j'ai le sentiment que les jeux sont déjà faits, en ma défaveur. Mais, comme je suis un éternel optimiste, je me dis une chose : « Au moins j'aurai essayé ».

Ma vie, c'est la compétition. Toute notre vie, avec France, nous avons dansé contre d'autres couples pour remporter la victoire. Nous avons traversé mers et monde, tempêtes et tsunamis, toujours l'un avec l'autre.

> En compétition, je donne tout. Le but n'est pas de démolir son adversaire, mais je pense que si on joue, c'est pour gagner. Et si je ne décroche pas le trophée ? En réalité peu importe, car je ne retiens pas les défaites. J'ai toujours en tête ce principe qui dit : « Soit on gagne, soit on apprend. On ne perd jamais. »

36. Par ouï-dire.

Lors de cette réunion avec toute l'équipe de la future émission *Révolution*, je suis dans le même état d'esprit, avec l'intention de décrocher ma place. Alors que le projet, lui, est toujours en construction. Impossible pour moi de me dire que je n'ai aucune chance. Mais je connais aussi la réalité des castings télé : parfois, les producteurs cherchent juste un blond ou un brun, une personne qui a les yeux verts ou les yeux bleus, une personnalité comme ceci ou comme cela… Ils cherchent le bon équilibre, celui qui va fonctionner, et il est alors très difficile de convaincre les producteurs que vous êtes la bonne personne pour le succès de ce projet. Je connais mes atouts mais aussi mes faiblesses : ici, au Québec, je ne suis personne, le grand public ne me connaît pas.

Le plus drôle, c'est que, quelques jours plus tard, Marianne me rappelle :

— Jean-Marc, tu sais que nous avons besoin de trois profils bien différents… Pour la chaise ballroom, tu aurais quelques noms de femmes à nous proposer ?

Heureusement que je suis assis à ce moment-là, car sinon je serais tombé de ma chaise. Je reste sans voix quelques secondes avant de me reprendre. Je comprends parfaitement la problématique de chercher une femme, mais de là à me demander des contacts, c'est fort de café ! Et puis très vite, mon naturel optimiste reprend le dessus : ce sera l'une de mes copines ou l'une de mes collègues qui aura ce boulot, donc ce sera super aussi. Alors je lui cite quelques noms de professionnelles que je connais.

— Il en manque peut-être une…, ajoute-t-elle.

Comment ça, il en manque peut-être une ? En fait, je sais ce qu'elle cherche. Et pour tout vous dire, je m'attends même un peu à cette question.

— Oui, il manque peut-être le nom de France Mousseau.

C'est bien ce que je pensais. Dans ma tête, c'est très clair : OK mais là, vous ne comprenez pas bien, les gars. Je ne suis pas macho, mais France, je la connais, c'est ma femme. Et, sans manquer de respect à qui que ce soit, elle ne vous rappellera pas. Les plateaux, les paillettes, le maquillage, les caméras, le glamour de la télé… Pour elle, tout ça, c'est fini. Aujourd'hui, elle a choisi de consacrer sa vie à sa famille, à sa maman Pauline, à Jean-Francis, qui est maintenant déjà grand, et principalement à Francesca, qui a des besoins permanents. France a déjà refusé de superbes opportunités pour cette raison. À la base, sur *So You Think You Can Dance*, les producteurs nous voulaient tous les deux, France et moi. Et c'est France qui a refusé en me disant : « Non, vas-y tout seul, moi je ne peux pas. » À l'époque, en 2006, Francesca avait 6 ou 7 ans, et Jean-Francis 9 ans. Pour elle, c'était impossible de laisser nos enfants, elle ne se voyait pas faire la navette en permanence entre Montréal et Toronto, ou Montréal et Los Angeles.

Sa priorité, c'était – et c'est toujours – notre famille. Elle ne se voyait pas être loin d'eux si notre fille faisait une crise d'épilepsie ou un autre malaise lié à sa condition, ou si notre fils avait un problème. Alors elle avait préféré décliner, et se mettre en retrait tout en restant bien sûr à mes côtés. Car, je le redis, si aujourd'hui je peux faire tout ce que je fais, c'est parce qu'elle est toujours là, avec moi : elle me donne la latitude de réaliser mes rêves, le soutien permanent pour y arriver. Elle sait que je ferai tout pour elle et je sais qu'elle fait tout pour moi, que mon travail, mes projets deviennent malgré elle ses préoccupations. Mais aussi que mes réussites sont également ses réussites.

Comme je vous le disais précédemment, mon but a toujours été que ma famille puisse jouir de la meilleure vie possible en dépit de tous les défis que la vie nous inflige. « C'est bien beau, la danse, mais te sens-tu capable de subvenir aux besoins d'une famille ? » : la phrase de mon père me revient encore et toujours en tête… Comme des centaines de milliers de familles qui vivent avec le poids du désarroi d'avoir un enfant handicapé, on se bat, on se soutient, on se fait la courte échelle pour élever l'autre quand les opportunités se présentent. Sauf que si on propose à France quelque chose qui doit l'éloigner de sa famille, ça sera toujours un « non », même si elle est la meilleure personne pour le job, même si elle est la seule personne sur Terre pour le faire. Nos enfants et sa famille seront toujours son unique choix. Voilà pourquoi contacter France, c'était peine perdue.

Mais les producteurs l'ont fait quand même… Ma femme m'a alors demandé de leur dire qu'elle était flattée par l'invitation, mais qu'elle ne donnerait pas suite. Cela ne signifie pas qu'elle n'a pas été touchée par cette proposition, elle l'a très certainement été. Mais c'est une femme d'une honnêteté et d'une droiture exceptionnelles. Je dis souvent : si vous voulez savoir si le mur est droit, appuyez ma femme dessus ; si ce mur ne suit pas son contour, c'est parce qu'il n'est pas droit. France est la droiture incarnée. Elle n'est pas du genre à vous bercer d'illusions et, à la fin, à refuser de vous livrer la marchandise. Si elle ne peut pas le faire, elle vous le dit, et tout de suite. Elle agissait de la même façon quand on enseignait la danse : de manière directe et franche. Elle allait du point A au point B, et du point B au point A. Moi, je partais de A, j'allais à C, D, E pour revenir à B. On était complètement différents – et on l'est toujours. On dit souvent que les femmes viennent de Vénus et les hommes de Mars, eh bien France et moi, c'est exactement ça. À ceci près que je viens sûrement d'une autre planète encore, peut-être Jupiter ou alors Saturne.

Y croire encore

Les semaines passent, et les contacts avec la production de *Révolution* s'arrêtent. Et puis arrive l'automne 2017. Je suis de retour à Paris pour la saison 8 de DALS. L'émission est géniale et je m'amuse beaucoup mais, en même temps, je garde un œil sur le Québec, et une grosse pensée pour *Révolution*, qui n'a toujours pas vu le jour. Tout ce que je sais, c'est que l'équipe de Fair-Play a rencontré une certaine Lydia Bouchard, danseuse, chorégraphe et metteuse en scène, et que tout le monde l'a adorée. Or cette rencontre peut potentiellement tout changer pour moi… Pour le siège de la danse de rue, je sais qu'ils ont déjà un candidat sérieux. Pour le siège de la danse classique et contemporaine, il se peut qu'il s'agisse finalement d'une femme. Donc pour la troisième chaise, homme ou femme, tout reste ouvert ! J'ai toutes mes chances. D'autant plus que l'animatrice a été choisie : il s'agit de Sarah-Jeanne Labrosse, une jeune et grande actrice québécoise qui fait ses premières armes comme animatrice. Le mot « juge » n'est plus utilisé, désormais on parle de « maître ». Et c'est là que mon dossier retourne tout en haut de la pile. Désormais, je coche toutes les cases pour intégrer *Révolution*… Y croire est à nouveau permis.

Début novembre 2017, je m'en souviens comme si c'était hier… La saison 8 de DALS bat son plein, et je travaille en même temps à Paris sur un gros happening pour Orange, cette méga boîte française de télécommunication. Je suis en voiture, un chauffeur m'emmène à l'une des boutiques de la marque, près des Galeries Lafayette. C'est à ce moment-là que l'équipe de Fair-Play m'appelle en visio.

— Salut Jean-Marc, tu es occupé ?

— Non, je suis en voiture, mais ce n'est pas moi qui conduis, ça va aller !

Les pauvres, ils ont dû avoir le mal de mer tout le long de l'appel, car nous n'arrêtons pas de prendre des virages à droite puis à gauche.

— Jean-Marc, on a une bonne nouvelle : c'est toi qu'on a choisi ! Et ça va être génial.

Impossible de vous décrire la joie qui me submerge à cet instant. Je ne peux pas être plus heureux. J'ai tellement souhaité faire partie de cette émission, et maintenant mon rêve se réalise enfin ! En fait, c'est toute l'histoire de ma vie.

Je crois profondément à cette phrase : « Aide-toi et le ciel t'aidera. » On a tous des rêves, des choses auxquelles on aspire, mais il ne tient qu'à nous de les réaliser. Si je n'avais pas écouté cette dame du parking, si je n'avais pas envoyé ces mails à ces producteurs, si je ne leur avais pas fait mon show, il ne se serait sûrement rien passé. J'y ai cru, j'ai tout fait pour que cela se réalise, et c'est arrivé.

Le 9 novembre 2017, l'annonce est faite dans la presse : « La nouvelle émission de danse de TVA, *Révolution*, entrera en ondes en septembre 2018. Trois experts ont été recrutés pour guider les concurrents et juger leurs performances : Jean-Marc Généreux, Steve Bolton et Lydia Bouchard. [...] La saison sera découpée en trois phases, dont les deux premières seront enregistrées l'été prochain », écrit *Le Journal de Montréal*.

Mais les choses se compliquent assez rapidement quand on apprend que Steve Bolton se retrouve empêtré par certaines allégations dont il doit se défendre. Pour mettre tout ça au clair, il doit prendre du temps. Le 12 décembre, il annonce par voie de communiqué qu'il se retire du projet *Révolution*. Retour au point de départ. Qui pour prendre ce troisième siège de maître ? Plusieurs noms sont mentionnés, majoritairement des anglophones, car ils sont très présents dans le monde de la danse hip-hop. Mais l'émission veut un francophone. C'est alors qu'on évoque les noms d'un duo de danseurs urbains français, Larry et Laurent Bourgeois, alias Les Twins. Ils ont déjà collaboré avec Beyoncé, Jay-Z ou encore Alicia Keys, et viennent de remporter, en 2017, la première saison de l'émission américaine *World of Dance*, la compétition de danse de Jennifer Lopez.

Drôle de hasard !

Mais le plus fou dans cette histoire, c'est cet épisode que je vais maintenant vous raconter. Ce matin-là, comme tous les autres matins, je descends prendre mon petit déjeuner à l'hôtel Baltimore. Après avoir terminé, je reprends habituellement l'ascenseur pour remonter dans ma chambre. Mais pas cette fois. Je me dirige vers la réception. Pour quelle raison ? Aucune idée. Peut-être ai-je été attiré par une voix, je n'en sais rien. C'est là que je vois, accoudé au comptoir, un grand gars, avec les cheveux volume XXL et des solaires[37]. Je m'approche de lui, et croyez-moi ou pas : c'est Larry des Twins ! Cela doit faire plus d'un mois que la production de *Révolution* cherche à les contacter, lui et son frère, pour leur proposer le job de maître ! Et moi je tombe sur lui complètement par hasard à la réception de mon hôtel. Comment est-ce possible que ce jeune homme se trouve ici ce jour-là ? Pourquoi, ce matin-là, suis-je allé à la réception et pas dans ma chambre comme d'habitude ? Ce sont les charmes du hasard !

Nos regards se croisent, mais lui n'a visiblement aucune idée de qui je suis. Alors je prends les devants :

— Larry, bonjour, je voulais juste te dire qu'on va peut-être travailler un jour ensemble...

Il réfléchit quelques secondes avant d'avoir le déclic.

---

37. Lunettes de soleil.

— Ah oui, je vois : le show *Révolution* ! Mon agent m'en a parlé. Effectivement, on va peut-être travailler ensemble, et ça va être génial.

Nous discutons pendant quelques minutes avant de prendre un selfie près de la porte d'entrée. Ce qui est encore plus rigolo, c'est que la mère de Larry l'attend à l'extérieur. Larry a dormi cette nuit-là dans le même hôtel que moi car il venait de subir une petite opération des yeux chez un ophtalmo situé juste en face de l'hôtel. J'ai su après coup que sa maman m'avait vu prendre un selfie avec son fils. Or sa mère m'adore, elle connaît par cœur l'émission *Danse avec les stars*. Et pour elle, une personne qui n'a pas sa photo avec Céline Dion ou Jean-Marc Généreux est un *nobody* ! Je trouve cela tellement drôle. Je vous raconte tout cela pour vous dire qu'en fait, à partir de ce moment-là, Larry et Laurent m'ont tenu en haute estime parce qu'ils savaient que leur mère m'aimait beaucoup et qu'elle était fan de DALS. Après cette rencontre improbable, je me suis empressé d'appeler la production et de tout leur relater. L'arrivée des Twins sur *Révolution* a été confirmée en mai, et l'aventure a ainsi enfin pu commencer.

La révolution *Révolution*

Dès le premier épisode, l'émission rencontre un succès incroyable et remporte des parts de marché énormes. Mais sa plus belle réussite, à mes yeux, est d'être parvenue à réunir toutes les générations le dimanche soir devant la télévision (car oui, chez nous au Québec, les prime times de divertissement sont diffusés le dimanche et pas le samedi soir). Sur mes vingt dernières années de télé, je pense que cela ne m'était jamais arrivé de vivre une telle révolution télévisuelle. Autre petite victoire : cette réunion familiale s'est faite autour d'un médium que personne ne considérait jusqu'alors, la danse. Dans notre société, en effet, on donne peu de place à la danse. Le danseur fait partie du décor, de l'ambiance, on lui accorde rarement une voix ou la possibilité d'exprimer une opinion. La danse, c'est le mouvement qui complète un autre art ou un autre médium, qu'il s'agisse du chant, du théâtre, de la comédie musicale… C'est peu souvent la pièce principale. Je fais régulièrement la comparaison avec une assiette composée : la danse, ce n'est pas le steak. Les patates, les brocolis, OK, mais pas la source de protéines. Et donc, pour la première fois, un show s'impose au Québec en mettant la danse au centre de l'assiette.

Aujourd'hui, fin 2024, nous en sommes à la saison 6, et le succès de *Révolution* perdure. Ce qui fait la qualité de l'émission : le talent des participants bien sûr, la qualité des prestations des maîtres également, mais aussi le travail formidable de Sarah-Jeanne Labrosse. C'est une grande professionnelle, même si elle est très jeune. À mes yeux, l'une de ses plus belles qualités, c'est sa curiosité. Elle pose toujours les bonnes questions au bon moment.

Le spectacle *Révolution en tournée*, mis en scène par Serge Denoncourt, est le reflet de l'émission, en version encore plus exaltante. Le fait de vivre l'expérience « en vrai », de pouvoir danser sur scène, de voir nos meilleurs danseurs sans filet, de pouvoir m'adresser à eux sans le truchement des caméras, d'être si proche du public, sans pause et sans coupures pub, le tout en direct… l'expérience est vraiment incroyable. Je suis au plus près des danseurs, je peux voir leurs expressions, leurs sourires et leurs émotions. Ce sont pour moi des moments inoubliables, tout particulièrement celui à la fin de mon monologue, où ils dansent le rêve de Francesca (une chorégraphie d'ouverture qui fait partie de l'émission en saison 2). Le moment pour moi est juste magique, je dois vous dire que tous les soirs, quand les danseuses et danseurs performent ce numéro, les larmes me montent aux yeux. J'avais suggéré l'idée à la production, la saison précédente, de faire une choré pour célébrer le courage de ma fille, et Katherine et Alex Leblanc « Team White » ont créé un chef-d'œuvre. Faire partie de ce spectacle est un honneur, presque une consécration car pour la première fois, je sens que le Québec m'écoute et me comprend, je livre un message qui vient de mon cœur, sans retenue et sans tabou. À la fin de chaque représentation, les spectateurs sont systématiquement debout et ils nous applaudissent à tout rompre ! À mes yeux, ce sont des moments exceptionnels, que je vis avec beaucoup de joie. Wow, le pied ! Je « trippe ben raide », comme on dit en québécois pure laine.

Chapitre 5

Les compteurs à zéro

Fin mars 2020, en pleine tournée de *Révolution*, de retour de Floride où j'ai profité d'une petite pause pour rejoindre ma femme et ma fille, parties quelques jours là-bas en vacances, j'allume la télévision. Et là, c'est le coup de massue : l'état d'urgence sanitaire est déclaré, toutes les salles de spectacle ferment leurs portes pour une durée indéterminée. Tout s'arrête. La tournée de *Révolution* ? Cancellée[38] ! L'émission *Révolution* ? Cancellée ! Et puis, c'est au tour de *So You Think You Can Dance*, l'émission que j'assure depuis quatorze saisons à Los Angeles. Et quelques jours plus tard, l'équipe de DALS m'appelle :

— Jean-Marc, on a tout essayé, mais on ne pourra pas faire la saison 11, c'est impossible.

---

38. Annulée.

« On n'a pas besoin de vous »

Je suis sous le choc, totalement dévasté. Ma vie, ou ce que je croyais être ma vie, vient de dérailler. Le travailleur acharné, boulimique et insatiable que je suis se retrouve face à un vide vertigineux. Le prêcheur du bonheur doit désormais prêcher dans le désert. Tous les voyants sont au rouge. J'ai l'impression d'avoir perdu mes pseudo-pouvoirs magiques. Le gars ordinaire qui vivait depuis quelques années des choses extraordinaires se rend compte que son ultime singularité ne relève en fait que de l'illusion. Cette phrase que je me répète sans cesse – « S'ils sont assez barjots pour m'appeler, je suis assez barjot pour le faire » – prend une tout autre saveur. Car maintenant, je suis le seul barjot de l'histoire, et plus personne ne m'appelle. Cette adrénaline qui nourrissait mon ego – et mon porte-monnaie également, il faut bien le reconnaître – s'est tarie. Fini aussi les applaudissements, les gens qui me répondent « J'achète ! » quand je leur lance un simple « Et ça… ». Que me reste-t-il sans tout cela ? Qui suis-je sans tout cela ? J'ai la sensation que ce que j'ai construit ces dernières années n'est en réalité qu'un château de cartes géant, qui s'effondre à la première tempête.

Chaque jour ressemble au précédent, mais alors que pour certains, c'est tous les jours dimanche, pour moi, c'est tous les jours lundi. Chaque matin, je me réveille avec cette envie d'y aller, d'être actif, de travailler, mais chaque matin, je réalise que je ne peux rien faire, car on m'a privé de tous mes outils. C'est comme si on me répétait inlassablement : « Désolé monsieur Généreux, mais on n'a pas besoin de vous. » Ce sentiment d'inutilité est très difficile à vivre. D'autant plus que, dans ma famille, j'ai toujours incarné le dynamisme, l'énergie et la bonne humeur. Il est hors de question que moi, Jean-Marc Généreux, j'aie un coup de mou. Comme si je n'avais pas le droit de voir la vie en gris foncé. Mais à ce moment-là, une partie de ma tête voyait la vie en noir. Personne ne se doute à l'époque à quel point je suis triste. Je pense que même France sera surprise en lisant ces lignes. Mais je le sais, il faut que je tienne bon. Je dois garder le masque pour les miens, même si j'ai le sentiment qu'il est de plus en plus mince et transparent, et qu'il laisse percer mes véritables émotions.

Aujourd'hui, avec le recul, je comprends que si je me sens aussi mal durant toute cette période, c'est parce que cette pandémie vient réveiller des choses au plus profond de moi. Encore une fois résonne dans ma tête cette phrase de mon père : « C'est bien beau, la danse, mais te sens-tu capable de subvenir aux besoins d'une famille ? » À quoi sert la danse en pleine pandémie ? Quelle est mon utilité en ce monde ? Est-ce que je sers à quelque chose ? Qui veut faire un cha-cha alors que l'on est tous en train de lutter contre un virus qui tue chaque jour des milliers de personnes ? Pire encore, j'ai l'impression de travailler dans un secteur, celui du spectacle et du divertissement, où l'on propage le virus plus qu'on ne l'enraye. Au final, et si c'était moi, le virus ?

Ces questions ne cessent de me hanter mais, au fil des jours, je prends conscience de plein de choses. D'abord que m'apitoyer sur mon sort ne réglera rien. Ensuite que nous ne sommes pas à plaindre. Avec France, nous n'avons pas de problèmes financiers, nous travaillons comme des acharnés depuis des années, et nous n'avons jamais fait de dépenses inconsidérées. Ce foudroyant retour à la vie normale est également, aussi bizarre que cela puisse paraître, la réponse à toutes ces questions que je me pose depuis quelque temps déjà : comment équilibrer ma vie de saltimbanque et ma vie de père et de mari ? Car en réalité, en m'offrant cette possibilité d'être là pour les miens, cette pandémie a rendu un énorme service à ma carrière et à ma vie personnelle. Je dis bien sûr cela avec toute la délicatesse qui s'impose : à cause de ce virus, tellement de gens sont morts, et tellement de gens ont perdu des proches.

Enfermé à la maison, je passe mes journées à m'occuper de ma fille. Nous préparons aussi beaucoup de pâtés chinois[39] pour toute la famille. Une petite voix intérieure me dit que je perds mon temps, mais une autre

39. Hachis parmentier.

que je suis à ma place, aux côtés des miens. Je prends également conscience que pendant toutes ces années, j'ai négligé une partie du triangle.

Concentré sur le sommet, j'ai mis tout mon temps et mon énergie à faire briller mon étoile. Mais j'en ai oublié la base, ma famille, mes valeurs, l'homme que je suis. La pandémie me ramène à l'essentiel, à mon essentiel.

Je me sens alors un peu comme Forrest Gump. Tandis qu'il court, court encore, n'arrête pas de courir, ses cheveux poussent et sa barbe s'allonge. Mais, comme la Terre est ronde, il revient au point de départ. Cette pandémie, c'est comme si quelqu'un me disait : « Mais arrête donc de courir ! Pourquoi ne t'arrêtes-tu pas ? » J'ai déjà, d'une certaine façon, réussi à sécuriser les arrières de ma famille. Qu'est-ce que je veux de plus ? Qu'est-ce qu'il me faut de plus pour être heureux ? Toute ma famille est en bonne santé (même Francesca, dans ses limites, va bien). J'ai tout fait pour subvenir à leurs besoins, et j'ai réussi. J'ai tenu la promesse faite à mon père. Alors s'il faut tirer le frein d'urgence, tout arrêter, je peux le faire, ce n'est pas un problème. On va s'en sortir. « Ça va bien aller », comme le disait notre Premier ministre à l'époque. « Ça va bien aller. »

Avec le recul, je prends aussi conscience que je n'ai pas tenu une promesse que je me suis faite à moi-même. Dans la vie, nous vivons tous des deuils. Le premier que j'ai vraiment vécu avec beaucoup de douleur, c'est celui de mes parents. Le suivant, c'est l'annonce du diagnostic de Francesca. À ce moment-là, je me suis fait cette promesse : je ne pourrai jamais être plus triste que ça dans ma vie. Ce jour-là, j'ai touché le fond, je ne pouvais pas avoir plus mal. Ma princesse ne sera jamais ce qu'elle aurait pu être. On lui a tout enlevé, la marche, la parole et tellement plus. Comment pourrais-je avoir plus mal que cela ? C'est impossible. Je suis descendu aussi bas qu'on peut aller dans la vie, alors je ne peux pas descendre plus bas. Et puis, comme on dit, c'est quand on touche le fond de la piscine qu'on peut remonter à la surface. Cette prise de conscience a pour moi été essentielle à cette période, car elle m'a amené à réagir, à me restructurer, à prendre du recul au lieu de rester centré sur mes besoins, à être un peu moins égocentrique pour prendre en compte les besoins de chacun de mes proches. C'est en faisant un pas de côté que l'on prend conscience de tout ce que l'on a ; un toit sur la tête, une famille forte, des piliers. Je ne dis pas qu'il faut oublier tous nos problèmes, mais arrêtons de nous focaliser sur ce qui nous fait mal, sur les pronostics et les statistiques, et regardons les solutions.

C'est en prenant du recul sur ses problèmes que l'on peut trouver de l'élan pour potentiellement sauter par-dessus. Le problème sera toujours là, il fait partie de l'historique de notre vie. Mais si on passe notre temps à parler des échecs, l'échec devient l'acteur principal de notre existence.

Les gens ne voient plus que cela de vous. Même si je comprends que pour certains traumatismes, c'est beaucoup plus facile à dire qu'à faire. Je pense souvent au drame qu'a vécu Corneille. Il a 17 ans quand un groupe armé assassine ses parents, ses deux frères et sa petite sœur lors du génocide des Tutsis au Rwanda. Lui survit miraculeusement en se cachant. Aujourd'hui, il chante la vie, il chante l'amour. C'est un fabuleux exemple pour chacun d'entre nous ! Je ne dis pas qu'il faut oublier les drames de notre vie, mais il est toujours possible de se réparer.

Les affaires reprennent

Alors que je m'habitue malgré tout à cette nouvelle vie ordinaire, les affaires reprennent de manière complètement inattendue. Août 2020, tandis que la pandémie de Covid semble ne jamais se terminer, je reçois un appel. C'est Alexandra Redde-Amiel, la directrice des divertissements et des jeux de France Télévisions.

— Jean-Marc, nous souhaitons que tu incarnes un tout nouveau programme. Ça s'appelle *Spectaculaire*, et c'est un divertissement en prime time. Des artistes du spectacle vivant passeront tour à tour. Et il y aura un prix du public remis à la meilleure prestation. L'émission est produite par ITV Studios France, et on veut que tu en sois l'animateur…

Après une petite pause, elle ajoute :

— Nous souhaitons te donner un contrat d'exclusivité avec France Télévisions. Cela implique un engagement ferme de ta part. Tu dois annoncer que tu quittes *Danse avec les stars.*

Quitter *Danse avec les stars*, la famille avec laquelle je partage tellement depuis dix ans ? Sur le coup, pas facile pour moi de répondre… J'appelle Géry Leymergie, qui codirige BBC Studios France avec Pierre-Marie Gadonneix, pour lui expliquer la proposition qu'on vient de me faire. Sans hésiter une seconde, il me confie :

— Écoute, Jean-Marc, si tu as une opportunité, accepte-la ! J'ai parlé avec Pierre-Marie et de notre côté, à la BBC, nous ne savons absolument pas quand nous allons pouvoir reprendre *Danse avec les stars*, ni si nous allons pouvoir reprendre. Alors vas-y !

À l'époque, on ne connaît encore rien de la Covid. Nul ne sait quels sont les véritables risques et pour les producteurs, il est hors de question de prendre le moindre risque. Ni d'engager des millions tout en sachant que si l'un des danseurs attrape le virus, il faudra tout arrêter…

Cet appel me conforte dans l'idée qu'il faut que je saisisse cette opportunité. Cela n'arrive pas si souvent dans une vie qu'on vous propose de présenter une émission de télévision ! Mais pour cela, je le sais pertinemment : il faut que je coupe les liens avec la famille DALS. Même si l'émission est en suspens en raison de la pandémie, la décision reste très difficile à prendre, mais ce train part de la gare de France Télévisions et on m'offre d'en être le conducteur. J'accepte la proposition de France 2. Finalement, je ne fais symboliquement que traverser la Seine, les locaux de TF1 étant d'un côté du fleuve, et ceux de France Télévisions de l'autre.

Quelques jours plus tard, j'annonce au grand public que je quitte DALS. Une véritable vague d'amour me submerge ! Je reçois un paquet de textos et de mails de la « DALS *family* », mais aussi de nombreux fans. « Jean-Marc, bravo, on est fiers de toi » (mes producteurs), « C'est génial pour toi », « Tu vas nous manquer, mais on te souhaite bonne chance »... À ce moment-là, j'ai l'impression de prendre ce train en marche, et d'en laisser un autre à quai, en me disant que celui-ci, le TGV DALS *Express*, ne quittera peut-être plus jamais la gare.

Mais l'avenir me donne tort puisque quelques mois plus tard, en mai 2021, le retour de DALS est annoncé. Initialement prévue pour octobre-novembre 2020, la saison 11 sera finalement diffusée de septembre à novembre 2021. À l'époque, quand la saison 11 de DALS est enfin annoncée, je suis sous contrat d'exclusivité avec France Télévisions pour *Spectaculaire*. TF1 ne m'a fait aucune proposition pour cette nouvelle saison, et je peux le comprendre. Peut-être veulent-ils apporter un peu de changement à l'émission. Peut-être savent-ils que je suis sous contrat d'exclu et ne veulent-ils pas d'embrouilles. Peut-être imaginent-ils que j'ai décidé de quitter *DALS* pour ne plus jamais revenir... Impossible de le savoir, mais ce qui est sûr, c'est que cette situation me plonge dans un état assez bizarre. Je suis à la fois heureux d'être sur le show de France Télévisions, et nostalgique de *DALS*.

Le tournage des deux premiers épisodes de *Spectaculaire* est programmé, et on commence le premier fin septembre 2020. Au même moment, il y a des rumeurs affirmant que TF1 reprendra *DALS* pour une saison 11. Mais moi, je suis ailleurs, et laissez-moi vous dire que ce premier tournage est un vrai défi. *Spectaculaire*, c'est en effet douze numéros dans des disciplines variées (magie, numéro aérien, danse acrobatique, music-hall, et j'en passe), avec entre 150 et 160 artistes, d'une vingtaine de nationalités différentes. Le tout en pleine pandémie ! Autant vous dire que c'est un énorme casse-tête pour nous tous. Le projet originel a dû être repensé complètement à cause de cette maudite épidémie, et de ses exigences infinies en matière de sécurité sanitaire. Mais la production est déterminée à aller de l'avant, même si les conditions de tournage sont assez cauchemardesques. Je me souviens des tests Covid que nous devions réaliser tous les jours, des masques que nous devions porter en permanence, des lavages de mains mille fois par jour, du gel hydroalcoolique qui dessèche les mains, et de cette distance de sécurité de 2 m à respecter… Tout cela rendait les contacts tellement impersonnels. Sans oublier toutes les contraintes associées au fait que je devais voyager sans cesse d'un pays à l'autre… Mais, comme le dit l'expression, *the show must go on*, et nous avons tenu bon !

Nostalgie, quand tu nous tiens…

En 2021, alors que je suis à fond sur le deuxième numéro de *Spectaculaire*, je ne peux m'empêcher de regarder DALS, parce que oui, les rumeurs étaient fondées. Et là, la nostalgie m'envahit. D'autant plus que cette saison est véritablement incroyable. C'est un énorme succès, mais moi, je ne fais pas partie de la fête. Le jury de cette saison 11 est exceptionnel. Qu'est-ce que j'aurais aimé être présent à leurs côtés ! Denitsa Ikonomova, la danseuse et chorégraphe, François Alu, premier danseur de l'Opéra de Paris, Jean-Paul Gaultier, le couturier que tout le monde connaît, et puis mon ami de toujours, l'indéboulonnable Chris Marques, qui tient toujours le fort[40]. Je ne peux pas m'empêcher

40. Qui continue de résister.

de me dire que « Wow, cette saison est vraiment géniale ! ». Le décor me paraît gigantesque, et beaucoup plus moderne. Fini les pancartes pour annoncer les notes, désormais elles apparaissent sur des écrans. Je trouve ça hyper cool. Mais cette fois-ci, je ne fais pas partie du show, je n'en suis qu'un simple spectateur.

Dans ma tête, il y a toujours cette petite voix qui me chuchote inlassablement : « Tu vois Jean-Marc, ils n'ont pas besoin de toi… » Mais loin de moi l'idée d'être jaloux. Dans la vie en général, je suis véritablement incapable de l'être. La jalousie et le stress sont deux choses qui me sont totalement étrangères. Beaucoup de gens autour de moi éprouvent ces émotions, mais je ne peux pas vraiment les comprendre, car je n'en ai jamais fait l'expérience. Être fébrile avant de monter sur scène, ça je connais, je sais ce que c'est. Mais c'est une nervosité positive qui ne m'a jamais arrêté dans la vie.

Quant à la jalousie, ce n'est pas pour moi non plus. L'un de mes amis s'est récemment acheté une voiture de fou, une caisse improbable et carrément magique, et je suis tout simplement heureux pour lui. Quand je regarde les enfants des autres qui courent, s'amusent, rigolent, je ne suis pas envieux. J'ai ma Francesca. Elle, elle ne court pas, elle ne parle pas non plus, mais elle est telle qu'elle est. J'ai la chance d'avoir à mes côtés une famille formidable, ma femme, mon fils. Alors pourquoi serais-je jaloux ? Quand j'arrive chez l'un de mes amis qui a une maison fabuleuse, je m'extasie – « Waouh, c'est magique chez toi » –, mais pourquoi le jalouserais-je ? Je suis heureux pour les gens, et j'apprécie aussi tout ce que j'ai. Je suis un homme comblé ! Reste que regarder DALS me fait quand même un petit pincement au cœur. Mais hors de question de cracher dans la soupe. En pleine pandémie, j'ai la chance d'avoir un boulot. Tandis que la plupart de mes copains sont au chômage technique. Je n'ai pas le droit de regarder en arrière et d'avoir des regrets.

Le 30 octobre 2021, alors que la saison 11 de DALS bat son plein, *Spectaculaire* revient donc pour un deuxième numéro, et avec une V2. Je suis rejoint à la présentation par Cyril Féraud, un jeune homme que j'apprends à connaître, et que j'admire énormément. Je le trouve à la fois intelligent, pertinent, drôle, bienveillant… C'est comme si j'avais trouvé mon frère français. Lui s'occupe des invités tandis que moi, je m'occupe des artistes quand ils finissent leur numéro. En réalité, pour être plus exact, je réalise très vite que je suis devenu comme le second violon, et honnêtement je comprends leur motivation.

Pour la petite histoire, j'ai toujours pensé que je ferais cette émission en binôme, en tout cas c'était la promesse de départ. Mais lors du premier numéro, la situation sanitaire était telle qu'il était presque impossible de partager un plateau avec quelqu'un.

Et j'ai finalement kiffé être tout seul aux commandes. Sur le deuxième numéro, quand on m'a annoncé cette coprésentation, je me suis fait une raison, j'ai accepté que ma présence soit plus sporadique. Mais cela ne m'a pas empêché de m'éclater aux côtés de Cyril. Son aisance et son expérience ont apporté encore plus de panache à l'émission, dont la vocation a sur le deuxième numéro complètement changé. Les performances des artistes internationaux restaient spectaculaires, mais la signature visuelle était très différente. Après chaque prestation, des invités en plateau, qui jouaient pour une association, devaient répondre à une question sur ce qu'ils venaient de voir. S'ils marquaient des points, ça se traduisait en dons pour une fondation.

Le premier épisode de *Spectaculaire* que j'ai animé seul a rassemblé un peu plus de 2 millions de téléspectateurs. Ce qui était plutôt pas mal. Mais les chiffres ont été moins bons au deuxième numéro – rien de désastreux, environ 1,8 million – et France Télévisions a décidé de tout arrêter.

Je garde malgré tout un très bon souvenir de cette émission même si, sur les réseaux sociaux, et c'est un fait très rare, les gens n'ont pas été tendres avec moi ! Beaucoup disaient que j'essayais de remplacer Patrick Sébastien. Mais en réalité pas du tout, c'est une personne pour laquelle j'ai beaucoup d'estime, et un respect incommensurable. À mes yeux, c'était même un amalgame très désobligeant envers M. Sébastien. Personne ne peut remplacer ce monument de la télévision. Ce n'est pas moi qui aurais osé le faire en tout cas ! Mais je dois avouer que ces critiques ont parasité le bonheur que j'avais à présenter cette émission, et cela reste probablement le moment le plus sombre que j'aie eu à vivre sur les réseaux sociaux.

Peu de temps après, France Télévisions me propose de faire *Fort Boyard*. J'incarne Gary Boo, un trappeur pas très accueillant et je kiffe ma vie ! Le fort, ce lieu emblématique très connu au Québec, m'a offert de vivre une expérience mémorable, que je vais chérir toute ma vie… Je recommencerais demain matin, si on m'en donnait l'occasion. Mais après tous ces beaux moments à France Télévisions, c'est le silence radio. J'envoie plusieurs textos à Alexandra Redde-Amiel, qui ne me répond plus. Ma dernière apparition sur France Télévisions, c'est le Téléthon, en décembre 2021. Un super moment où j'ai pu parler de ma vie quotidienne avec ma femme et ma fille atteinte du syndrome de Rett. Je me suis senti très proche des Françaises et Français qui vivent l'angoisse d'avoir un enfant différent, avec une maladie orpheline. Après cette émission, *good bye* ! France Télévisions n'avait plus besoin de moi, mais au final, je ne regrette rien !

Ne pas laisser passer l'occasion…

La saison 11 de *DALS* s'est faite sans moi, OK. Mais la saison 12 ? J'ai très vite l'intuition qu'il faut que je montre mon intérêt. Cette fois, je ne dois pas laisser passer l'occasion. Je sais que pour moi, c'est le moment. Alors j'appelle toutes les personnes que je connais et qui travaillent de près ou de loin pour l'émission. Mais on me répond inlassablement la même chose :

— Tu sais Jean-Marc, on est en pleine réflexion sur le casting, sur les juges. On pense qu'on ne va pas changer trop de choses…

Et blablabla. Pour moi, la situation est relativement claire, je ne dois pas me faire de faux espoirs.

Début septembre 2022, la saison 12 de *DALS* démarre donc… sans moi. Je me suis fait une raison. La diffusion de *Révolution* au Québec bat son plein et l'émission continue de prendre de l'ampleur, alors j'ai du boulot, je n'ai pas à me plaindre. Mais un petit bout de mon cœur, malgré tout, est resté de l'autre côté de l'Atlantique. Le premier épisode fonctionne plutôt bien. Chris Marques et François Alu gardent leurs sièges de juge, et ils sont rejoints par Bilal Hassani qui l'année précédente avec Jordan avait tout cassé, et par la danseuse étoile et chorégraphe Marie-Agnès Gillot. Environ 3 millions de téléspectateurs sans compter les replays, qui jouent un rôle très important : ce n'est pas mal du tout.

Deux jours avant la diffusion du deuxième épisode, je suis en train de faire de la rénovation dans la maison de mon fils quand j'entends vibrer mon téléphone dans la poche arrière de mon jean. Il ne reste quasiment plus rien de la salle de bains, nous avons mon beau-frère Claude et moi tout démoli. Comme on dit chez nous, on est « sur les studs ». Plus de parquet, plus de carrelage, ne restent que les murs et le plafond. Dans ma tête aussi, c'est un peu la même chose : ma carrière en France est au point mort, mais je ne suis pas malheureux, j'ai une belle vie au Québec, une jolie famille, et je suis même en train de m'éclater à jouer du marteau. Mais ce coup de fil va tout changer.

Je sors mon téléphone de ma poche, et je vois un nom s'afficher sur l'écran : celui de Cédric Lacolley. Je crois que mon cœur s'arrête de battre pendant quelques secondes. J'ai l'impression d'être projeté deux ou trois ans en arrière. Cédric Lacolley travaille à la production de DALS, et il est dans mon répertoire téléphonique depuis plus de douze ans. C'est avec lui que j'ai signé mon tout premier contrat sur l'émission. Alors, quand je vois le nom de ce revenant, l'émotion m'envahit. Intérieurement, je ne peux pas m'empêcher de me dire : « Je dois rêver. » Et puis : « Il a peut-être fait un mauvais numéro, il devait sûrement vouloir appeler quelqu'un d'autre… »

Marteau en main, je respire un grand coup et je décroche.

— Allô ?

— Allô Jean-Marc, c'est Cédric. Tu te souviens de moi ?

— Mais bien sûr, Cédric !

— Tu es où ?

Je lui explique alors que je suis au Québec, dans la maison de mon fils, et que je suis en pleine rénovation de sa salle de bains. Mais j'ai l'impression qu'il s'en fiche un peu…

— C'est possible pour toi de prendre l'avion ce soir ? me demande-t-il.

Sur le coup, j'ai beaucoup de mal à comprendre ce qu'il est en train de me dire.

— Quoi ? Mais de quoi tu parles ?

— Jean-Marc, est-ce que tu penses que tu peux prendre l'avion ce soir pour venir à Paris ? répète-t-il. Je t'explique : Chris Marques a chopé la Covid. Et là, on a absolument besoin de toi pour le remplacer sur le deuxième prime. On sort d'une réunion spéciale, et les producteurs et les dirigeants de TF1 m'ont dit : « Ça ne peut être que Jean-Marc. »

J'ai du mal à en croire mes oreilles. J'apprendrai bien plus tard qu'ils ont en réalité fait la même proposition à d'autres personnes avant moi. Et que, visiblement, j'étais leur toute dernière chance. Le choix de la dernière chance. Et je sais ce que cela implique pour eux sur le plan financier : un billet d'avion Montréal-Paris, surtout à la dernière minute, ça coûte un bras. Ajoutons un œil, et peut-être même une autre partie aussi. Dans ma tête, les choses s'enchaînent très vite : j'ai devant moi trois jours de libres avant mes prochains tournages au Québec, alors pourquoi pas ?

— Jean-Marc, pas besoin de trois jours. Tu pars ce soir, tu fais l'émission, et on te remet dans l'avion le lendemain.

J'hallucine, ces gars sont vraiment fous !

Je donne le marteau (que je n'ai toujours pas lâché) à mon fils, j'appelle ma femme pour l'informer que je vais devoir partir à Paris en urgence, et je traverse toute la ville pour rentrer à la maison préparer ma valise. Je pense que je n'ai jamais voyagé aussi léger de ma vie, à peine une brosse à dents et un caleçon de rechange. Le temps de retraverser la ville pour rejoindre l'aéroport, et me voilà dans l'avion, destination DALS. J'ai encore du mal à le croire.

Arrivé à Paris, je rejoins mon hôtel pour prendre une douche en coup de vent, avant qu'on m'emmène aux studios. La réunion de briefing commence, et j'ai comme un sentiment de déjà-vu très étrange. Entre l'appel de Cédric et mon arrivée sur le plateau, à peine seize heures se sont écoulées. C'est comme si j'avais été télétransporté dans la loge de Chris Marques en un coup de baguette magique. J'ai toujours été super bien accueilli par toute l'équipe de DALS, mais cette fois, c'est exceptionnel, tout le monde est d'une gentillesse extrême. Mais comment est-ce possible ? En même temps, c'est comme si c'était une évidence.

Et puis vient le moment de passer en plateau. Quand je m'assieds sur mon siège de juge, j'ai l'impression qu'il y a encore l'empreinte de mes fesses incrustées dans le siège. Cela me rassure un peu : ces fesses-là sont à la bonne place ! Mais ça ne m'empêche pas d'avoir quelques doutes : mine de rien, cela fait plusieurs années que les téléspectateurs ne m'ont pas entendu sur ce plateau, la dernière fois c'était en 2019, juste avant la pandémie… Est-ce que c'est vraiment une bonne idée ? Je pense à ce que viennent de me dire les producteurs : « Sois toi-même. Fais-en pas plus, pas moins. » Je sais que c'est potentiellement la dernière fois que je suis sur ce plateau, alors pour moi c'est très clair : ce moment, je vais le vivre à fond ! Autour de moi, les choses sont assez différentes de ce que je connais. À ma gauche, il y a François Alu ; à ma droite, il y a Marie-Agnès ; et je vois Bilal Hassani au loin… Le *desk* des juges n'est plus là, remplacé par des *pods*. J'ai l'impression que chacun a embarqué dans son petit vaisseau spatial. Pour moi, le grand *desk* favorisait la communion et l'échange, là on voyage solo.

Tout cela me paraît un peu étrange, mais pas le temps de prolonger mes réflexions car Camille Combal débarque sur le plateau avec sa pêche et son enthousiasme légendaires. Il explique les raisons de ma présence dans le jury, et l'accueil du public est véritablement fabuleux. Cela me touche, c'est le déclic dont j'ai besoin pour me sentir enfin comme chez moi. Comme si je n'avais jamais quitté cette famille de DALS que j'adore. Comme si j'avais été là sur la saison 11 et que je faisais tout naturellement ma rentrée sur la saison 12. Pendant les trois heures qui suivent, je vis un moment véritablement exceptionnel.

J'ai l'impression d'être dans une machine qui permet de voyager dans le temps, et de changer le cours de mon destin. Parce que ce soir-là, rien ne me destinait à être sur ce plateau. Il y a quelques heures à peine, j'étais en train de rénover cette salle de bains, et me voilà maintenant propulsé sous les *spotlights* à juger de magnifiques performances de danse. La vie est quand même incroyable, non ?

Entrent alors en scène Florent Peyre et Inès Vandamme sur un modern jazz. Honnêtement, je suis très impressionné. Je connaissais Florent l'humoriste, je découvre une vraie bête de travail. Au moment de donner mon avis, les mots me sortent de la bouche comme si je n'avais jamais quitté le plateau. Autour de moi, je vois que mes formules font mouche, comme celle adressée à Florent : « Est-ce que Florent "Peyre" a fait des petits "impairs" ? »

La soirée se poursuit avec la prestation de Christophe Licata et Léa Elui, une jeune influenceuse qui s'est fait connaître sur les réseaux sociaux en postant des vidéos de danse genre « orientale ». Je suis scotché par sa dextérité incroyable et ses mouvements de hanche. Mais aussi par l'étendue de sa communauté : elle compte plus de *followers* que la population totale du Québec ! Viennent ensuite l'acteur Théo Fernandez et la danseuse Alizée Bois. La prestation est un peu plus poussive, et je sens bien que danser est un vrai challenge pour le jeune homme. C'est honorable mais cela ne sera malheureusement pas suffisante pour continuer l'émission.

De mon côté, je prends mon rôle très à cœur. Mais surtout je m'amuse beaucoup, et j'ai l'impression que les gens autour de moi aussi. C'est le tour de la jeune chanteuse Carla Lazzari accompagnée par Pierre Mauduy. Elle a un talent fou, et leur prestation me transporte dans un autre monde. Ça y est, je suis chaud bouillant, plus rien ne peut m'arrêter. Il est 22 h 23 quand je lance un : « Et ça… » et que l'entièreté de la foule présente (et potentiellement même les foyers français) répond en chœur… « J'achète ! ». L'effet est véritablement « wow ». Je ne sais pas si le public attendait cette réplique ou pas, mais toujours est-il qu'il s'est mis à vibrer. Ça fait un petit bail qu'il n'avait plus entendu cette expression, et j'ai l'impression qu'il est ravi !

Après cette vague d'enthousiasme, le chanteur Stéphane Legar monte sur scène avec une nouvelle danseuse, Calisson Goasdoué (qui a remporté *Qui danse avec les stars*, le programme de casting pour découvrir des danseurs pros). Je ne la connais pas du tout, mais elle est brillante. Stéphane est un danseur-né, son corps bouge comme celui d'un pro. Quand on voit une personne avec autant de potentiel, on a forcément envie de lui donner des clés pour l'aider à progresser encore et encore. Le show se termine avec une valse contemporaine qui, pour la première fois, met en scène un binôme femme-femme : Clémence Castel, double gagnante de l'émission *Koh-Lanta*, et la danseuse Candice Pascal. Quel beau moment ! Le message qu'elles portent toutes les deux est tellement fort.

Aujourd'hui, qui peut nous interdire de danser avec la personne qu'on veut, même si elle est du même sexe ? Les modèles sont certes importants parce que ce sont des guides dans une société, mais est-ce que cela veut dire qu'on ne peut pas évoluer, qu'on connaît tout et qu'on sait tout ? Personne ne peut nous empêcher de rêver.

Je suis entouré d'un danseur étoile à ma gauche, d'une danseuse étoile à ma droite, et il y a aussi Bilal, un chanteur merveilleux, qui s'habille comme il le veut et qui apporte cette différence qu'on a besoin de voir. Et là, devant moi, deux femmes qui dansent ensemble. La boucle est bouclée. Est-ce que c'est beau ? Est-ce qu'il y a de l'harmonie ? Est-ce qu'il y a une connexion ? Est-ce qu'il y a une pertinence dans la chorégraphie ? Oui, oui, oui, et encore oui.

C'est définitivement une très belle prestation, et je remercie *DALS* d'avoir osé cela. Chapeau à la production de nous amener ainsi dans le XXIe siècle et de ne pas nous enfermer dans une scène artistique où tout le monde se ressemble.

Pendant les pauses pub, je prends quelques selfies, et quelques bains de foule. L'enthousiasme des spectateurs est bien présent et me fait chaud au cœur. J'ai l'impression que le public me rend au centuple l'amour que j'ai pour lui. Je savoure chaque moment, je profite de chaque seconde. Je suis très heureux que les producteurs aient fait appel à moi pour remplacer notre Chris, cloué au lit, même si je sais que d'autres personnes auraient pu assurer également. Est-ce que ce retour était l'occasion de faire un test ? Peut-être, je ne le saurai jamais.

À la fin du show, quand je retourne dans ma loge – ou plutôt la loge de Chris –, je ferme la porte pour réfléchir un peu. J'ai à peine le temps de reprendre mon souffle que l'on frappe. C'est le défilé qui commence : toute l'équipe vient me remercier pour ma présence surprise et ma prestation. Les producteurs, les régisseurs, l'équipe technique, les assistants… ils sont tous super enthousiastes, et nombreux à me dire : « Ah, Jean-Marc, tu nous avais manqué ! » ou bien « Tu nous apportes une énergie dont on a tellement besoin ! ». Les producteurs, eux, se montrent un peu plus réservés : ils ont encore dix épisodes à tourner avec les juges qu'ils ont choisis, et ils ne peuvent pas tout remettre en question. Mais je vois dans leurs yeux que j'ai fait le job. Moi, je suis heureux car j'ai fait ce que je pouvais, et surtout parce que je me suis vraiment éclaté. Mais je le sais, c'est un CDD et je dois rendre les clés de la loge à Chris. Aucun souci, je remballe mes affaires dans ma micro-valise à peine plus grande qu'un coffre à crayons. Puis je referme la porte avec, il faut bien le dire, un petit pincement au cœur. Un peu comme quand vous finissez un bon dessert, et que vous auriez bien aimé en avoir un petit rab. Mais cette fois, je sais que ce n'est pas possible.

Avant de quitter pour de bon DALS, je décide de passer une tête dans la loge de Camille Combal. Sa loge est juste à côté de celle de Chris, et la porte est ouverte. J'y entre avec ma micro-valise et là – j'en suis encore tout ému en l'écrivant –, toute l'équipe de l'émission est présente, et se met à m'applaudir. C'est un moment inoubliable car, dans les yeux de ces 25 personnes, je vois défiler mes dix saisons de *Danse avec les stars*. Certaines personnes sont là depuis le tout début, d'autres depuis la saison 4 ou 5… En les regardant tour à tour, je ne peux m'empêcher de me dire : « Wow, ça c'est vraiment une belle vague d'amour ! » Camille me serre dans ses bras et sur le coup, l'émotion est tellement forte que nous sommes incapables de prononcer une parole. C'est juste un moment *feel-good* dont je me souviendrai toute ma vie. Le seul mot qui me vient à cet instant, c'est « merci ». Merci la vie. Plein de choses auraient pu m'empêcher de profiter de ce moment exceptionnel. J'aurais pu avoir d'autres obligations, ma femme aurait pu me dire « non, c'est trop compliqué que tu partes ainsi à la dernière minute »... Mais les circonstances ont joué en ma faveur, et maintenant je reçois tellement d'amour de la part de tout le monde. Je suis vraiment aux anges.

Lorsque je monte dans la voiture de la prod qui me ramène à l'hôtel, le chauffeur, Franco, que je connais depuis le début de l'aventure DALS, me dit :

— Jean-Marc, alors là, tu vas donner mal à la tête à pas mal de monde…

Je ne comprends pas vraiment ce qu'il veut dire.

— Mais Jean-Marc, tu ne réalises pas ce que tu as fait ce soir ? Tu as tout explosé ! Ton énergie, ta façon de parler, ton engagement… ça fait un petit bout de temps qu'on n'avait pas vu ça sur l'émission.

Décidément, encore une personne qui me confirme que j'ai fait le job. À ses dires, j'ai vraiment assuré !

Le lendemain, je reçois l'appel d'un des producteurs qui me dit à nouveau la satisfaction et l'enthousiasme de toute l'équipe pour tout ce que j'ai fait sur le prime. Je sais déjà que malheureusement, ils ne pourront pas me faire revenir dans le jury cette saison. Après un bref échange, il conclut avec un :

— On essaiera quand même de trouver un moyen pour te faire revenir.

— Ne me donne pas de faux espoirs, lui dis-je, tout en espérant secrètement que cela se réalisera.

Et vous savez quoi ? Ça s'est réalisé ! Le 30 septembre 2022, après un séjour express au Québec, me voici à nouveau de retour en France pour l'épisode 4. Les producteurs ont tenu parole et m'ont fait revenir en tant que « danseur mystère ». Une expérience d'autant plus incroyable que j'ai l'immense chance de partager la scène avec la chanteuse Anggun. Je l'avais déjà rencontrée sur le deuxième épisode de *Spectaculaire*, et c'est vraiment une femme que j'admire. J'ai un immense respect pour elle, pour sa voix, pour qui elle est et pour ce qu'elle défend. Je ne peux être plus heureux de danser avec elle. Puis, à la fin de ma presta en trio avec Adrien et Anggun, Chris sort de derrière le *desk* et il me prend dans ses bras, et on se serre très fort, comme si l'appartenance à cette émission était plus forte que tout.

Malgré tout, j'ai encore cette drôle d'impression d'être comme un yaourt, et d'avoir une date de péremption.

De retour au Québec, je regarde la suite de la saison 12 à distance. Et même si la saison 4 de *Révolution* que je suis en train de vivre est fantastique, j'essaie de me faire une raison. Avec cette expérience sur DALS, je me suis prouvé deux choses. Un, en toute humilité, c'est que j'ai fait le taf. Tout le monde me l'a dit. Et deux, c'est que je ne rêve pas : j'ai une vraie appartenance à ce show, et il me tient vraiment à cœur. Ce n'est pas une drogue ni une dépendance, c'est un vrai amour. Je sais que ce show est bon pour moi. Mais je n'ignore pas qu'il y a beaucoup d'appelés et très peu d'élus. J'avais décidé, en mon âme et conscience, de dire au revoir à cette émission, et la balle est maintenant dans le camp des producteurs. À mon petit niveau, je n'ai pas vraiment de poids, car je ne suis pas en France. Je sais aussi que, dans le monde de la télé, tout est éphémère. Alors, il me faut garder les deux pieds sur terre. Pour un danseur, c'est la base.

Malgré tout, ces encouragements m'autorisent à garder espoir. Force est de constater que je fais partie des éléments marquants de l'émission. Bref, dans ma tête, l'idée de participer à la saison 13 fait petit à petit son chemin. Mon objectif est clair : saisir la moindre opportunité qu'on m'offre en France pour revenir, et me rapprocher de TF1 et des producteurs de DALS.

J'y crois de toutes mes forces et… vous savez déjà que j'ai eu raison d'y croire !

Dans la vie, je suis persuadé que rien n'arrive si on ne rêve pas un peu. J'en ai rêvé, et mon rêve s'est réalisé. Mais un peu de patience, car il y a encore quelques marches avant d'atteindre les étoiles.

Chapitre 6
Les affaires reprennent…

Le temps passe, et je suis de plus en plus persuadé qu'il ne faut pas que je rate ma chance. La saison 13 de DALS, elle est pour moi. Je commence à envoyer des messages à tous les gens qui travaillent de près ou de loin sur cette émission pour me rappeler à leur bon souvenir. Mais tous me répondent que c'est beaucoup trop tôt.

C'est là, courant novembre 2022, que je reçois un coup de téléphone improbable. Encore un. C'est Marie-Christelle Øglænd, productrice artistique chez Hubert Prod, qui produit une célèbre émission diffusée sur TF1.

— Jean-Marc, tu ne voudrais pas faire *Mask Singer* ?

(Dans ma tête, c'est peut-être le court-circuit que j'attendais.)

« Moi ? Chanter ? On n'est pas sortis de l'auberge, madame », ai-je envie de lui rétorquer.

— Ce n'est pas un souci, Jean-Marc. On va t'aider et te donner des cours de chant. Tu vas voir, tu vas y arriver !

Je suis justement à Paris pour une promo. Nous nous donnons rendez-vous au Baltimore pour faire un petit test vocal. Marie-Christelle arrive avec son beau sourire, l'air déjà convaincue. Elle me propose quelques titres et je me mets à chanter… Wow, je sonne comme une cloche toute rouillée. Alors j'essaie un truc : chanter dans la douche (tout habillé bien sûr !), car j'ai l'impression que l'acoustique y est meilleure. Peine perdue, c'est toujours aussi nul, mais Marie-Christelle garde malgré tout espoir. On se quitte trois heures plus tard en se faisant la promesse d'y arriver.

Je prends très vite conscience que cette proposition pourrait être pour moi une formidable opportunité pour me rapprocher à nouveau de TF1, et de Camille Combal, qui présente également cette émission. Et puis j'aime sortir des sentiers battus, alors pourquoi pas ? Du côté de mon emploi du temps, les dates de tournage ne m'arrangent pas vraiment, mais ce n'est qu'un détail… J'ai en effet signé un contrat pour réaliser les chorégraphies d'un film qui se tourne à Malte au même moment, *The Dancing Detective*, avec Lacey Chabert et Will Kemp. Je parviens heureusement à m'organiser avec l'un de mes amis, Christian Millette, à qui je passe le relais lorsque je dois m'absenter de Malte pour aller tourner *Mask Singer* à Paris. Tout se déroule super bien, en tout cas sur le tournage à Malte. Parce qu'à Paris, sur *Mask Singer*, je ne ferai pas long feu dans mon costume de lama, habillé à la Elvis Presley, avec une tête de piñata !

L'expérience *Mask Singer* est véritablement incroyable. Le concept de l'émission étant de garder l'identité des chanteurs secrète jusqu'au bout (personne ne doit rien savoir, même pas le présentateur), les producteurs doivent déployer des trésors d'ingéniosité pour ne révéler aucun indice. La participation à cette émission me demande plusieurs semaines de travail en amont… dans le secret le plus total. Car je n'ai pas le droit de dire quoi que ce soit à ma famille. Seule France sait. Ma belle-mère, elle, s'étonne de me voir passer mes journées dans le sous-sol de notre maison. Je n'ai pas d'autre choix que de mentir, mais c'est pour la bonne cause : « Je prépare un projet de comédie musicale en France… » En réalité, je m'entraîne en visio avec ma prof de technique vocale, Alexandra Chabane. Et le moins qu'on puisse dire, c'est que la production a tenu ses promesses et ne s'est pas moquée de moi. Alexandra coache également de grands chanteurs reconnus. C'était assez drôle car certains jours, elle me dit : « Bon Jean-Marc, il faut que je te laisse, je dois maintenant aller travailler avec Michel (Sardou). »

Passer de Jean-Marc Généreux à Michel Sardou, si on parle de coffre de voix, on passe d'un hôtel cinq étoiles à un cagibi ! C'est ça la magie de la télé…

France, qui est la seule à connaître le fin mot de cette folle histoire, émet quelques doutes sur ma nouvelle carrière de chanteur. J'ai le sentiment qu'elle est en permanence en train de se demander pourquoi je me suis embarqué dans cette aventure... Ce qui n'est pas une mauvaise question, je dois l'avouer. Car côté chant, je sonne toujours comme une vache espagnole (avec tout mon respect pour les vaches qui viennent d'Espagne et les Espagnols !). Mais je tiens bon, car j'ai toujours en tête mon objectif n° 1, ne pas me planter, et mon objectif n° 2, faire un pas de plus vers DALS. Alors je suis prêt à tout, même à passer des heures et des heures à répéter mes vocalises tout seul dans mon sous-sol.

J'ai aussi l'impression d'être l'arroseur arrosé. Sur *DALS*, nous demandons à des personnalités, qui n'ont parfois jamais dansé de leur vie, de se produire sur scène. Sur *Mask Singer*, c'est à moi de relever le défi. Je le vois comme une marque de respect envers toutes ces personnalités qui osent le faire. Cette fois, c'est à mon tour de mouiller le maillot.

Une expérience inoubliable

Après ces quelques semaines de répétition, c'est le moment de rejoindre Paris pour le tournage de l'émission. Nous sommes en février, France m'accompagne. Les trajets de l'hôtel aux studios sont assez épiques, car il faut à tout prix préserver mon anonymat, comme celui des autres participants. Mais l'équipe est bien rodée : le chauffeur ne nous attend pas juste devant l'hôtel, nous devons prendre trois rues et traverser deux boulevards avant de le rejoindre. Nous devons aussi mettre une cagoule avant d'entrer dans la voiture, et je n'ai pas non plus le droit de lui parler : il ne faudrait pas qu'il reconnaisse mon visage ou ma voix. J'ai l'impression de me faire kidnapper, ou alors de me retrouver dans un épisode de *Surprise sur prise* ! C'est finalement assez drôle…

Une fois arrivés aux studios, les répétitions avec Alexandra commencent. France est assez impressionnée par ce qu'elle entend, je le vois dans ses yeux. OK, je ne suis pas encore au top, mais je sais que j'ai fait des progrès. « Hey, tu as bien travaillé, bravo », me dit-elle à la fin de la première répétition. La deuxième répétition se fait en studio avec les directeurs musicaux, Pierre Billon et Jean Mora. Je suis estomaqué par leur professionnalisme et leur gentillesse. Rien ne leur échappe, ils entendent tout dans mon grain de voix, mais surtout, je me sens en totale confiance avec eux.

Personne ne me fait de remarques sur ma voix, que je sais particulière, ni sur mes talents supposés de chanteur. Je sais qu'ils croient en moi, et cela me fait chaud au cœur. Et pourtant, il y a vraiment de quoi être impressionné avec toutes ces photos de vedettes accrochées au mur, comme celle de Johnny Hallyday. Je mesure la chance d'être aussi bien entouré dans cette aventure extraordinaire.

Et puis c'est l'heure de la première répétition en plateau. J'enfile la cagoule, et je me lance dans mon numéro. Une prestation très rock, sur un medley d'Elvis Presley. Les danseurs qui m'accompagnent sont au top. Ils ont vraiment mis les moyens (en anglais, on utilise l'expression « in the kitchen sink »). La mise en scène, coordonnée par Marika Prochet et Stéphane Jarny, est incroyable. Après la répèt', direction Malte pour le tournage du film sur lequel je suis en train de travailler, puis retour à Paris pour la toute dernière répèt' dans les conditions du tournage. J'enfile mon costume de lama à tête de piñata (on ne fait jamais rien à moitié sur *Mask Singer* !) et là, je me rends compte que je ne vois rien du tout. Mes yeux arrivent à la hauteur du gorgoton[41] de l'animal, et j'ai un tout petit espace de quelques millimètres entre les franges pour distinguer quelque chose. Je vais devoir danser et chanter

41. Gorge, gosier.

à l'aveugle ou presque ! L'équipe m'escorte sur scène, me place au bon endroit, et la musique démarre. Honnêtement, je pense que je ne m'en sors pas trop mal. Mis à part ce champ de vision ultra-réduit, je suis à l'aise dans le costume. Je demande juste à la costumière de retailler un peu les franges pour avoir plus de marge. Mais dans l'ensemble, je suis confiant pour l'émission du lendemain.

Le jour J, je sens la pression qui monte. Je suis maintenant bien habitué au protocole : le taxi, la cagoule, les loges avec les noms des personnages (et non ceux des personnalités), le fait que personne ne sait qui est qui... C'est quand même une drôle d'ambiance ! Ce soir-là, je fais l'émission aux côtés du Phénix et du Zèbre. Qui sont-ils ? Aucune idée. Quand je monte sur scène, je suis accueilli par Camille Combal, qui ne sait même pas qui se cache sous ce lourd costume ! C'est assez perturbant, mais je sens l'énergie du public, et je suis confiant... On m'aide à prendre place sur le point de départ de ma perfo, qui est en réalité le capot d'une voiture rose. Puis la musique commence et je donne tout, jusqu'au moment où les danseurs me descendent de mon perchoir et que je pose le pied sur le parquet de danse. J'ai une drôle d'impression, ça glisse un peu plus que d'habitude. Sûrement à cause de la fumée que l'on ajoute pour l'effet lumière, et de tous les gens qui sont passés avant moi. Ce n'est pas qu'une impression, ça glisse vraiment beaucoup ! Oh là là chihuahua, je me sens comme « Philippe Candeloro on ice », ou comme Bambi sur la glace. Ça glisse à droite, à gauche… j'essaie de garder le contrôle de mes pieds, mais ce n'est pas évident. Malgré ces conditions extrêmes, le show se passe bien, les spectateurs applaudissent et je les sens plutôt contents. Pour ma part, je ne me suis pas mal débrouillé côté chant, mais j'aurais pu faire tellement mieux côté danse. Ce sont les aléas du direct. Mais pas le temps de me déconcentrer, car j'ai une deuxième chanson à faire. Je regarde les prestations du Zèbre et du Phénix : ils sont hyper bons, ce n'est pas gagné pour moi.

Je remonte ensuite sur scène pour ma deuxième chanson : *Hélène*, de Roch Voisine. Mais mon deuxième numéro est apparemment beaucoup moins convaincant : Élodie Frégé pense m'avoir reconnu, et le public, lui, décide de garder le Phénix et le Zèbre. Lorsque j'enlève mon énorme masque de piñata, je suis un peu déçu, mais ça fait partie du jeu. J'ai relevé le défi de chanter sur scène, et je peux être fier de moi. Et puis je ne perds pas de vue mon objectif premier : me rapprocher doucement mais sûrement de DALS… Seule petite contrainte : l'émission est tournée en février, et diffusée à partir de la mi-avril. Après avoir été démasqué, je dois donc encore rester quelques semaines dans l'anonymat le plus complet... C'est dingue quand on y pense : je suis prêt à tout pour montrer mon lien avec la France, et au final, je dois rester anonyme pendant des mois, et les gens ne verront ma tête à l'écran que cinq minutes à peine... Si ça c'est pas de la motivation !

Je réussis malgré tout à profiter de ma présence à Paris pour obtenir un rendez-vous avec Fabrice Bailly, le directeur des programmes et des acquisitions du groupe TF1. À mes yeux, c'est lui la clé. Il est celui qui a décidé d'adapter l'émission anglaise et de lui faire une place prisée dans la programmation de TF1, et, accessoirement, je sais qu'il m'apprécie beaucoup. Alors je tente le tout pour le tout. Je le regarde droit dans les yeux et lui pose la question :

— Est-ce que je me fais de faux espoirs quand je pense revenir sur DALS ?

Il me regarde à son tour droit dans les yeux et me répond :

— Tu sais Jean-Marc, *Danse avec les stars*, c'est une recette. Quand on change des ingrédients, ça change la recette. Nous, notre travail, c'est de trouver les bons ingrédients.

Après une petite pause, il poursuit :

— Jean-Marc, je ne peux rien te promettre, mais tu ne te fais pas de faux espoirs, car tu fais partie des discussions.

Je sens mon petit cerveau se mettre en ébullition... mais j'essaie de garder la tête froide et les idées claires. On est très loin d'un grand « Oui Jean-Marc, reviens parmi nous », mais l'espoir est permis. Hors de question de me bercer d'illusions, mais tout de même, je passe d'un « non » à un « peut-être » et, pour moi, c'est déjà un grand pas en avant. Si Fabrice Bailly, qui est un homme honnête et droit, me dit que je fais partie des discussions, c'est que je fais partie des discussions. Mais je le sais, rien n'est encore décidé.

La programmation de la fin de l'année 2023 est très chargée pour TF1 avec le championnat du monde de rugby et le début de la saison 11 de la *Star Academy*. La chaîne doit faire des choix, et cette fois, *DALS* ne fait apparemment pas partie des priorités. Mais je sens aussi une petite tendance monter en puissance chez les fans de *DALS* de la première heure, les purs et durs, ceux qui aiment le programme depuis le début. Les nouveautés, OK, c'est sympa, mais on évoque de plus en plus un retour aux « fondamentaux ». Est-ce que je fais partie de ces fondamentaux ? C'est toute la question, et bien sûr, seul le public peut le dire. Ça serait vraiment prétentieux de ma part de me penser meilleur que les autres, mais quand on y réfléchit deux minutes, j'ai passé dix ans de ma vie sur cette émission. Alors si ça, ça ne fait pas partie des fondamentaux !

Une expérience mystique

Début janvier 2023, alors que je suis au Québec, et toujours en train de réfléchir à la façon dont je pourrais retourner en France, Christian Puech m'appelle. C'est l'un de mes bons amis, il s'occupe des castings et de la programmation de célébrités pour diverses émissions du PAF en France. Il me parle de Maryel Devera, une super productrice, marraine d'un projet très spécial dont le titre provisoire est *In Search of God* (qui est finalement devenu *Bienvenue au monastère*). J'accepte avec plaisir d'en discuter avec elle. L'idée – réunir diverses personnalités du monde du spectacle ou de la télé pour une retraite spirituelle d'une semaine dans un couvent – me plaît immédiatement. La religion a toujours été présente dans ma famille, et je suis allé à l'église tous les dimanches jusqu'à l'âge de 14 ans. Mon père, lui, y est allé toute sa vie deux fois par semaine.

Sur le plan logistique en revanche, c'est plus compliqué, car j'ai déjà de nombreux autres engagements au Canada. Mais nous parvenons à faire coïncider nos agendas respectifs, et je me retrouve dans un avion vers la France. À l'aéroport, c'est la jolie Alessandra Martines, l'animatrice de l'émission, qui m'attend. Pour nous, ce sont des retrouvailles (puisqu'elle a été juge sur les deux premières émissions de DALS). Je fais la connaissance de Paul El Kharrat, candidat emblématique de l'émission *Les 12 Coups de midi*. Ce jeune homme super gentil, autiste

Asperger, est un véritable génie. J'ignore encore le lieu de notre tournage, et c'est Alessandra qui me l'annonce : le couvent Saint-Dominique de Corbara, en Corse. Pour moi, c'est un saut dans l'inconnu. Je suis déjà allé en Corse, à Ajaccio et Bastia, mais jamais dans ce coin-là. Et mis à part Paul, je n'ai aucun indice sur l'identité des autres candidats. Alessandra me rappelle aussi à ce moment-là que cette retraite se fera… en silence ! Ne pas parler pendant six jours ? Je l'avais sûrement lu dans le document de présentation de l'émission, mais je pense qu'inconsciemment, je ne l'avais pas enregistré. Ou que je ne voulais pas en mesurer les conséquences. Mais on y est, et hors de question de reculer.

Arrivé en Corse, je fais la rencontre de mes autres partenaires de retraite : Simon Castaldi, Delphine Wespiser, Clara Morgane et Fabienne Carat. Nous sommes donc six, avec des âges, des parcours, des passés et des visions toutes différentes de la foi et de la spiritualité. Au monastère, nous faisons la connaissance de sœur Catherine et de frère Baudoin, qui seront nos guides dans ce périple. Ils nous expliquent les bases du fonctionnement de l'endroit, les différentes tâches que nous devrons réaliser, ainsi que les étapes que nous traverserons pour atteindre l'objectif ultime : évaluer et mieux comprendre notre propre spiritualité. Le soir venu, après un dîner magnifique avec toute la congrégation, nous donnons nos téléphones et regagnons nos quartiers. Mais comment vais-je faire pour rester silencieux ? : c'est la question qui me hante. À ma grande surprise, je trouve la réponse au moment même où j'entre dans ma chambre. Ma fille est muette depuis vingt-deux ans, je peux bien tenir six jours. Tout devient alors très clair dans mon esprit : pour la première fois de ma vie, j'ai la chance unique de me mettre dans les souliers de ma fille, et de vivre (un peu) ce qu'elle vit au quotidien depuis son implacable diagnostic. C'est aussi l'occasion parfaite pour prendre du recul sur l'ensemble de mes choix, pour réfléchir à l'impact de ma carrière et de mon parcours solo sur ma famille, à ce que France et Jean-Francis vivent à cause de la route que j'ai choisie.

Quand j'étais plus jeune, j'adorais aller à l'église, à « la messe de midi ». Il faut dire que les messes étaient animées : ce n'était pas des messes gospel, mais des messes disco, avec guitares, drummers et chant. C'était très drôle ! J'adorais écouter le sermon du prêtre, et je le faisais avec beaucoup d'attention. Un vrai défi pour un petit gars hyper actif comme moi. Au monastère, j'ai donc pris très vite mes marques. Je connaissais les textes et les prières de la Bible, mais pour la première fois de ma vie, c'est comme si j'en comprenais enfin le sens. Je vous épargnerai tous les détails, les discussions avec sœur Catherine (qui est devenue mon amie pour toujours) et tous les merveilleux moments que j'ai vécus avec mes partenaires de séjour. Nous étions toutes et tous dans une recherche très personnelle, chacun à son propre rythme et niveau d'engagement. Cette expérience m'a vraiment beaucoup marqué, même si les caméras étaient bien présentes et que les gens de la production sillonnaient les couloirs de cet endroit vieux de six siècles. Mais rien n'était forcé, mis en scène ; nous n'étions pas obligés de faire ou de dire quoi que ce soit. L'objectif de cette introspection nous appartenait, et nous étions totalement libres d'en parler ou de le garder pour nous. Mais je vais quand même partager avec vous cette lettre de conclusion, que sœur Catherine et frère Baudoin nous ont demandé d'écrire à la fin de cette expérience. Mon mutisme a été exemplaire, et mes partenaires devaient connaître les raisons de mon engagement sans faille.

Premièrement, Fabienne, Delphine, Clara, Paul et Simon, ainsi que sœur Catherine et frère Baudoin, je vous dis « merci ».
Car cette expérience enrichissante n'aurait jamais été aussi belle sans vous. Alors laissez-moi vous expliquer et ce, sans regret, pourquoi j'ai essayé de toutes mes forces de garder le silence avec autant de vigilance. Ma fille, notre Francesca, est atteinte du syndrome de Rett, une maladie neurologique très grave qui lui a tout volé. Elle marchait, elle ne marche plus. Elle

parlait, et depuis vingt-deux ans, elle ne parle plus. Dès les premières heures de cette retraite, je reçois mon premier message : je suis ici pour comprendre et vivre le mutisme qui a foudroyé ma fille. Que sont six jours de silence en comparaison avec vingt-deux ans sans voix ? Pour moi, ça aurait été honteux de briser le silence. Vous avez bien remarqué que j'ai beaucoup pleuré, surtout au début. Mais au fur et à mesure que les jours passaient, j'ai appris qu'il peut y avoir aussi de la beauté dans le silence et que, malgré la lourdeur de son handicap, Francesca y trouve sa joie, comme en témoignent ses sourires du matin, du midi et du soir. Pourquoi toujours penser à la souffrance de ma fille et ne pas plutôt demander à Dieu de mieux comprendre ma fille ? Pour ma part, ce silence n'a pas été une souffrance mais plutôt une chance, une occasion de m'écouter penser et pour une fois, de laisser Dieu parler. Alors encore merci à vous toutes et tous.

La réponse à cette question fondamentale, croire ou pas en Dieu, est tellement personnelle, elle appartient à chacun. La spiritualité, c'est comme un enfant : au début, elle a besoin d'être guidée et après, elle doit faire ses propres choix.

Ce que j'ai beaucoup apprécié, c'est que sœur Catherine et frère Baudoin vivaient dans leur temps : non seulement ils adaptaient leur message, mais ils le plaçaient dans la réalité, la société d'aujourd'hui. Ils l'expliquaient dans sa plus simple expression. Comme le faisaient ma mère, mon père et toute ma famille, en mettant en lumière ces trois valeurs fortes : le respect, le partage et l'amour. Avant de quitter ce lieu paisible et pittoresque, j'ai aussi écrit une lettre de cinq pages à France (j'aurais pu lui en écrire mille) pour lui faire part des fruits de ma réflexion. Cette expérience m'a véritablement bouleversé de l'intérieur, elle m'a fait réaliser des choses importantes, et m'a fait initier des changements que j'applique encore aujourd'hui.

Enfin le grand retour !

De retour au Canada, je continue à travailler d'arrache-pied. Entre *Révolution* et la création de chorégraphies pour divers événements, je m'amuse beaucoup. Mais l'idée de revenir sur DALS est toujours bien présente dans un petit coin de ma tête. Je sais qu'il faut que je continue à me positionner, pour qu'on ne m'oublie pas. Alors j'envoie des petits messages à mes amis, et à tous ceux que je sais proches de la direction, entre autres à Chris Marques.

— Jean-Marc, ton nom circule beaucoup dans les couloirs, me confirme-t-il un jour. Ne t'inquiète pas.

Mais encore une fois, pas question de m'emballer. Le temps me semble interminable.

Octobre 2023. Alors que je suis en France pour le tournage de l'émission *100 % logique* avec Cyril Féraud, que je suis ravi de retrouver, la BBC m'annonce enfin la bonne nouvelle : je vais faire partie de la saison 13 ! J'ai envie de le crier sur tous les toits, mais je ne peux rien dévoiler, car l'émission ne commencera qu'en janvier... J'apprends que ma copine Mel Charlot, avec qui je travaille sur *Révolution*, fera elle aussi partie du jury ! Mais nous n'avons pas le droit d'en parler, même entre nous, ce qui occasionne quelques fous rires mémorables.

Une dizaine de jours avant le début du tournage, je retrouve toute l'équipe de la nouvelle saison pour tourner la bande-annonce. C'est un moment incroyable ! Sur la musique de *Barbie*, l'énergie de l'équipe est à son paroxysme. C'est très drôle parce que j'ai l'impression que c'est LA saison des Québécois, avec pas moins de trois paires de compatriotes : Natasha St-Pier et Cœur de pirate côté artistes, Christian Millette et Nicolas Archambault côté danseurs pros, et Mel Charlot et moi côté juges ! Au casting, la diversité est au rendez-vous : une vedette américaine en la personne de James Denton, une drag-queen avec Keiona, de l'humour avec Inès Reg, de l'élégance avec Cristina Córdula et Diane Leyre, un dynamisme incroyable avec Caroline Margeridon, sans oublier la tornade rousse Adeline Toniutti, le jeune humoriste et youtubeur français qui casse la baraque Roman Doduik, ou encore l'influenceur d'origine suisse Nico Capone (lui et sa femme sont très suivis), super populaire même au Québec, et le chanteur Black M. Cette saison va vraiment envoyer du lourd, j'en suis sûr ! Je compare souvent les castings à une étoile à cinq branches, et cette saison, quelque chose me dit que les cinq pointes sont bien remplies, et qu'elles vont briller de mille feux. Mais en même temps, je sens que tout le monde sans exception fait preuve d'une véritable humilité. Nous avons tous hâte que cette saison démarre, et je sens qu'elle va être inoubliable.

Cette année, nous enregistrons dans un nouveau studio. Fini le studio 217, il me faut un petit temps pour reprendre mes marques. Surtout quand on m'annonce que, cette saison, ma loge n'est pas au rez-de-chaussée, mais à l'étage, à côté de la loge de Mel Charlot. Les deux autres juges, Chris et Fauve, eux, restent en bas. Je trouve cela bizarre de nous séparer, mais je ne pose pas plus de questions. Même si cela me semble toujours un peu dérangeant d'être au même étage que les candidats, car ils sont toujours plus susceptibles de venir plaider discrètement leur cause, ou de m'amadouer avec leurs petits soucis du moment…

Quand je découvre ma nouvelle loge, je suis d'ailleurs super ému. L'équipe a pris le temps de la décorer aux couleurs de mon pays. Je sais qu'ils ont aussi fait cela pour y tourner un petit magnéto spécial Québec (merci Olivier Abid, producteur de l'*after*), mais il n'empêche que je suis vraiment touché par cette jolie attention. Sur un grand panneau, ils ont écrit un énorme « J'achète ! », et toute l'équipe a mis un petit mot. Ça fait deux ans que je ne les ai pas vus (mis à part lors de ces deux passages éclair en saison 12) et, apparemment, personne ne m'a oublié ! Ça me touche aussi beaucoup car en réalité, ce sont tous ces gens-là qui font le succès de l'émission. Ceux qu'on ne voit jamais à la télé, qui travaillent en coulisses, ce sont eux les vrais fondamentaux. Ceux qui font les castings, qui organisent les agendas des uns et des autres, qui gèrent les plannings, qui tournent les magnétos, qui conduisent les stars, les danseurs et les juges d'un endroit à l'autre, qui prennent soin de nous… Sans eux, pas d'émission, alors chapeau, en particulier à Sophie et à Fiona qui au quotidien rendent ma vie plus belle ! C'est comme en cuisine, on reconnaît souvent le travail du chef, mais il faut aussi reconnaître celui de tous ceux et celles de sa brigade qui travaillent pour lui, en coulisses.

Je commence cette saison avec un état d'esprit légèrement différent des précédentes. Quand je suis revenu en coup de vent lors de la saison 12, je savais que l'élastique était resté bien fixé au Québec : je faisais ma prestation en France, et puis retour direct à l'envoyeur. J'avais l'impression de n'avoir aucun contrôle sur quoi que ce soit. Voire d'avoir une date de péremption : « Jean-Marc Généreux, à consommer dans les vingt-quatre heures ». Après : périmé, poubelle. Cette fois, c'est très différent : j'arrive sur la saison 13 avec un contrat en main pour dix primes. Cette fois, je peux prendre le temps de m'installer et de poser mes marques. Je demande à chacune des personnes que je croise leur prénom car je sais que je vais les revoir pendant plusieurs semaines, que ce soit les personnes du *catering*, celles qui s'occupent de l'entretien… Pour moi, c'est naturel, j'ai à cœur de savoir qui elles sont. Autre différence importante : je me sens enfin légitime, à ma place, présent à 1 000 %. Sur la saison 12, j'étais là pour faire le ménage, épousseter, juste un tour de manège ; sur la saison 13, je me sens plutôt comme un menuisier. Car cette saison 13, il faut la bâtir. Et je suis prêt à cela, j'ai tous les outils qu'il faut. Mes poches sont remplies de clous et de vis, et j'adore manier le marteau et le tournevis. Mon objectif est clair : que la marque *Danse avec les stars* se mette à rayonner comme au bon vieux temps. Voire plus. Et le défi est de taille : cela fait dix-huit mois que l'émission est absente du petit écran. Le public sera-t-il au rendez-vous ? Et quelle sera son attente ? Nous avons toutes les cartes en main pour construire une saison incroyable. Notre équipe de juges, c'est de l'or en barre. Les candidats sont exceptionnels, et les danseurs pros magiques. Mais est-ce que les téléspectateurs répondront à l'appel ? On peut avoir la meilleure équipe du monde, proposer le meilleur show avec le meilleur casting, si le public n'est pas au rendez-vous, rien de tout cela ne sert à rien.

Tout ce que j'ai fait à la télé, je l'ai toujours fait très sérieusement. Parce que je suis conscient que, dans ce milieu, se faire sa place au soleil, c'est très difficile. Et encore plus de nos jours qu'il y a quelques années. L'offre est immense, et la télé n'a plus cette place de choix qu'elle avait dans les foyers il y a encore quelques années. Aujourd'hui, certaines personnes ne la regardent même plus, elles préfèrent Internet, les plateformes de streaming, les réseaux… Rien n'est donc gagné d'avance !

Les deux primes étant enregistrés, nous ne saurons pas tout de suite si la magie opère. Mais nous devons faire avec. La saison 13 s'ouvre avec la prestation de Cristina Córdula, qui nous fait un départ canon avec une samba. Sa loge est d'ailleurs à côté de la mienne, et vu l'épaisseur des murs (du vrai papier !), je peux vous assurer qu'elle a la même énergie dans la vie que sur scène. Arrive ensuite Inès Reg, sur une danse contemporaine. Elle assure de façon magistrale, j'avoue que je suis impressionné. Les prestations s'enchaînent : Nico Capone, un vrai bosseur, Adeline Toniutti, la tornade rousse, Natasha St-Pier sur une rumba… Pas de doute, il y a du niveau ! Le deuxième prime est tout aussi incroyable, il commence sur la prestation de Diane Leyre. *Oh my God*, qu'elle est belle, et grande ! J'ai l'impression qu'on lui a greffé deux tours Eiffel à la place des jambes. Puis c'est au tour de Caroline Margeridon et Christian Millette : leur énergie est communicative, mais leur prestation un peu moins. Pas grave, ce n'est que leur premier prime. Arrivent ensuite Black M et Elsa Bois, la team funky (ils ont vraiment du rythme !), puis Cœur de pirate et Nico Archambault, sur une danse contemporaine. Ils sont très motivés, mais leurs mouvements manquent un peu d'amplitude. Ensuite, c'est le feu d'artifice ! Keiona et Maxime, sur *Last Dance*, de Donna Summer : une prestation stratosphérique ! Mention spéciale aussi au quickstep de Roman et Ana Riera, une nouvelle danseuse pro absolument fabuleuse : elle apporte un petit côté sucré-salé qui me plaît beaucoup. Le seul à ne pas être monté sur scène lors de ces deux premiers primes, c'est notre vedette américaine, James Denton. Il s'est blessé et c'est du sérieux, et nous devrons attendre le troisième prime pour le voir enfin danser.

Le premier prime est diffusé le 16 février 2024, et les résultats d'audience sont phénoménaux, presque inespérés. On brise des records chez les FRDA-50 (femmes responsables des achats de moins de 50 ans). On est à 38 % de parts de marché et on frôle les 4 millions de téléspectateurs. Sans compter les rediffusions où nous passons largement les 4 millions. C'est véritablement énorme. On ne peut pas être plus aux oiseaux. Ça nous donne une pêche incroyable pour la suite. Mais nous savons que rien n'est jamais gagné d'avance, et que les autres chaînes vont réagir en envoyant du lourd ! En attendant, vu le fait que les deux premiers primes sont enregistrés en amont, et qu'il n'y a pas d'émission le 1er mars, en raison de la diffusion des Enfoirés, nous avons deux semaines de battement. Mais ce ne sont pas du tout des vacances, car nous en profitons pour enregistrer *DALS Internet* (ou *DALSI*). Cette idée un peu folle a été lancée par Michou, finaliste de la saison 11 : proposer un spin-off de DALS avec uniquement des stars du Net, diffusé sur Twitch et disponible en replay. Au programme donc : Gaëlle Garcia Diaz, Domingo, Natoo, Baghera Jones, Le Bouseuh, Nicotine… Tous ces noms me font tellement rire, on dirait que ces gens viennent d'une autre planète. Mais en réalité, cette expérience a été juste fantastique, et nous avons vécu des moments vraiment incroyables. Même si on m'a bien fait remarquer, avec beaucoup de gentillesse et de bienveillance, que j'étais le doyen. Les candidats m'ont même affublé d'un drôle de surnom : GOAT, pour « Greatest of All Time », le meilleur de tous les temps. Enfin, soi-disant, car en anglais, *goat* veut surtout dire « chèvre » ! Mais j'ai pris ce titre honorifique avec beaucoup d'humilité. Pour moi, c'était comme recevoir un Oscar de l'Internet.

Je salue en tout cas le travail de Michou et de son équipe, de la BBC et de TF1 qui ont œuvré de concert pour réunir ces deux médiums – la télé et l'Internet – qui sont à la fois pareils et tellement différents. On entend aussi régulièrement que les influenceurs ou les créateurs de contenu se dissimulent derrière leur écran, et que c'est facile de faire ce qu'ils font ainsi cachés. Mais en réalité, en participant à *DALS*, c'est impossible de se cacher ou de tricher. On ne peut pas faire semblant de bouger et on peut vraiment se blesser, comme la pauvre Gaëlle, qui a dû déclarer forfait avant la grande finale. Je me souviens notamment de la prestation de Baghera Jones, dont le vrai nom est Justine. À travers ses diverses prestations avec notre super danseur pro Christian Millette, je l'ai vue petit à petit se libérer du regard peut-être un peu trop sévère qu'elle portait sur elle-même.

Car pour moi, *Danse avec les stars*, ce n'est pas un simple show de danse, c'est un parcours tellement humain : on peut en profiter pour mettre en scène ses angoisses, son stress, en passant des paroles aux actes.

DALSI s'est terminé en fanfare et trompettes, une finale d'anthologie. J'ai adoré ma soirée… Finalement la victoire a été remportée par Domingo et Inès Vandamme, dont les performances ont été hallucinantes.

Le clash

Mais revenons à la saison 13, et à cet événement qui va faire couler beaucoup d'encre (même jusqu'au Québec !). Un jour – cela devait être entre le quatrième et le cinquième prime –, j'apprends que si on nous a installés Mel et moi à l'étage des candidats, c'est pour déplacer certaines célébrités. Et surtout pour éviter que deux d'entre elles ne se croisent. « Ce serait mieux. » Sur le coup, je ne comprends rien à cette histoire… Mais on commence à m'expliquer que, lors des premières répèt', environ deux semaines avant l'enregistrement du premier prime, il s'est passé quelque chose. Je précise d'emblée que je n'étais pas présent quand l'événement s'est déroulé, et donc que je n'en sais pas plus que ce qu'on m'a raconté.

Aux studios Keral (anciennement studio de l'Olivier), où se déroulent les répèt', il faut savoir que quand on s'entraîne sur des numéros de danse, et que l'on met de la musique, les pros et les candidats du studio d'à côté peuvent être gênés par le bruit. C'est ce qui se serait passé. Ce jour-là, Natasha St-Pier et Inès Reg travaillent dans des salles voisines. À un moment, dérangée par le volume de la musique, Natasha frappe à la porte de la salle d'Inès, et lui demande gentiment et poliment de baisser le son. Ce que Christophe Licata, qui accompagne Inès, fait automatiquement. Après, c'est au tour d'Anthony et de Natacha de pousser un peu trop le volume. Inès se rend alors dans la salle de Natasha pour lui faire la même demande, mais en mode rigolade. Elle est suivie par un cadreur. Apparemment, le ton serait monté assez vite. Il faut dire qu'Inès Reg est la reine de la repartie. Et en face d'elle, Anthony n'en manque pas non plus. Qu'est-ce qui a pu se passer à ce moment-là ? Impossible de le certifier. Toujours est-il que l'échange se serait terminé par une phrase déplacée de Natasha dont elle se serait plus tard excusée en disant qu'elle avait cru à une séquence enregistrée où elle devait jouer une fausse dispute. Inès, elle, aurait tourné les talons sans un mot, stupéfaite par les mots employés.

Cet échange, quelle que soit la réalité de la situation, a donc créé une tension importante, et la production a décidé de faire en sorte, pour le bien de tout le monde, que les deux stars se croisent le moins possible à l'avenir. Mais, comme je vous l'expliquais précédemment, je ne prends conscience de cette situation qu'entre le prime 4 et le prime 5, donc assez tardivement. À ce moment-là, la situation semble s'être apaisée. Sauf que juste avant le prime 5, une nouvelle remet le feu aux poudres. Un article relate que l'affaire n'en serait pas restée là, et que Natasha St-Pier aurait déposé une main courante contre Inès Reg au commissariat. On m'a ensuite rapporté qu'Inès serait allée voir Natasha pour lui demander si c'était vrai, et que cette dernière n'aurait pas démenti. Les réseaux sociaux se sont bien sûr emparés de l'histoire, et ont jeté encore un peu d'huile sur le feu. Chacun a pris parti pour l'une ou l'autre, sans vraiment savoir ce qu'il s'était passé.

Les semaines passent, et cette tension permanente rejaillit évidemment sur l'émission, et sur les candidats. Je pense qu'Inès et Natasha ont toutes les deux été profondément affectées par cette histoire. Un jour, j'ai même vu Inès s'écrouler en répétition. L'histoire a pris des proportions gigantesques, à tel point que certaines chaînes d'information en continu en ont parlé.

Et puis arrive le prime 7, celui de la bataille des juges : chaque couple doit danser en trio avec l'un des juges. Je me retrouve ainsi à danser avec Adeline Toniutti et Adrien Caby d'une part, puis Natasha St-Pier et Anthony Colette d'autre part. Natasha est adulée par 50 % des téléspectateurs, et détestée par les 50 % restants. Moi, je découvre une candidate ultra-volontaire, douée et remplie de sensibilité (ce qui n'enlève vraiment rien à Inès, qui est une jeune femme bourrée de talent). Natasha est une bosseuse et elle va se saigner à blanc pour moi et son partenaire. Quant à Inès, je l'ai vue plusieurs fois en répétition, et j'ai tout de suite remarqué qu'elle a un naturel incroyable, une vibration très spéciale dans le corps et une fibre pour la danse latine hors du commun. Pas de doute, c'est une véritable bataille de lionnes qui nous attend. Inès et Christophe, eux, ont dansé une salsa avec Mel, et c'était magnifique. Les deux couples avec lesquels j'ai dansé se sont finalement retrouvés au face-à-face, avec Keiona et Maxime. Et c'est à ce moment-là de la saison que le vote du public a pris une place toute particulière. Natasha et son partenaire ont en effet été sauvés, et cela à une très grande majorité !

Je ne sais pas comment Inès et Natasha ont réussi à faire abstraction de toute cette histoire alors que les médias étaient constamment sur leur dos. Pour avoir passé beaucoup de temps avec ces deux artistes, je peux vous dire que ce sont deux femmes merveilleuses. Et que si elles avaient eu le pouvoir de remonter le temps, rien de tout cela ne serait arrivé. Malgré toutes les versions aussi abominables, inappropriées et rocambolesques que les gens malveillants ont inventées, je suis persuadé qu'elles n'ont jamais rien planifié ni prémédité. Et qu'elles ne referaient jamais la même chose. Ni l'une ni l'autre ne le souhaitait. Elles voulaient juste danser, un point c'est tout.

Natasha, Inès et leurs partenaires respectifs se qualifient prime après prime, jusqu'à la finale du vendredi 26 avril 2024, face à Nico Capone et Inès Vandamme. Une finale qui s'annonce des plus spectaculaires ! Nico Capone a, depuis le début de cette aventure, donné le meilleur de lui-même à chaque prime, offrant des performances toujours très justes, et faisant des progrès étonnants au niveau de la danse, mais aussi de l'endurance. Sa prestation sur *Ma gueule*, de Johnny, est exceptionnelle. Avec quatre « 9 », il a fait taire en un instant toutes les mauvaises langues, grossophobes pour la plupart. Face à la haine qui a déferlé sur les réseaux sociaux, il est toujours resté très fort et a bravé la tempête avec sa partenaire. Chapeau bas, mes amis. Je n'ai que des éloges à leur adresser, bravo !

Malgré les votes unanimes des juges, avec trois « 10 » et un « 9 », le couple formé par Inès Reg et Christophe Licata est éliminé par le public ! Coup de théâtre, c'est donc Nico Capone et Natasha St-Pier qui se retrouvent pour l'ultime face-à-face de la saison. Et à la fin, qui lève la boule à facettes ? Natasha St-Pier et son partenaire Anthony Colette ! Wow, quelle saison ! Honnêtement, ce fut vraiment une saison pas comme les autres. Ce n'est pas pour rien qu'elle porte le numéro 13. Au Québec, comme en France, le 13 porte souvent le signe de la malchance. Et je ne veux vraiment pas faire un parallèle boiteux, mais ma fille est née un 13. Elle me remplit de bonheur, mais côté malchance, on est servis…

Cette saison a été pour moi très intense en émotions. J'y ai aussi trouvé un meilleur équilibre entre ma vie pro et ma vie perso. Nous avons maintenant la chance d'avoir de l'aide pour Francesca de la part de l'Académie Zénith, qui nous offre un peu de répit, et un havre de paix pour notre fille. De mon côté, la production me laisse plus de latitude entre les primes pour revenir à la maison plus souvent. Ce qui me permet de mieux tenir mon rôle de père parce que, qu'on le veuille ou non, Francesca est et sera toujours une petite fille qui a les besoins d'un enfant de 9 mois. J'ai pu vivre cette saison sans être tiraillé entre tout cela, et c'était merveilleux. J'ai vraiment senti que je retrouvais toute ma place. Sur les dernières saisons, j'avais parfois l'impression, non pas de faire partie des meubles, mais d'être peut-être un peu moins apprécié. Je ne savais plus trop comment bien me positionner. Mais là, dans cette saison 13, c'est comme si on me donnait carte blanche à chaque prime. J'ai aussi senti que le jury était dans une bonne dynamique, chacun se renvoyant la balle au moment où il le fallait. Je ne peux que remercier Fred, Débo, Jérémie, Fiona, Sophie, sans oublier Thomas, à l'édito, avec qui j'ai passé beaucoup de temps avant les primes. Nos petites réunions hebdomadaires (parfois quotidiennes) m'ont fait énormément de bien : il désamorçait les bombes, calmait mes insécurités et me confortait dans mon rôle de juge, que j'avais peut-être un peu oublié.

Je suis aussi très fier de cette émission car elle a mis en avant des valeurs fortes qui me tiennent tellement à cœur : le dépassement de soi, l'engagement… Et encore une fois, je me sens si fier d'être un Québécois sur une terre d'adoption qui m'aime comme si j'étais l'un des siens. Une fois de plus, j'aimerais tellement que mon père voie ça, et j'espère qu'il serait fier de moi. Tu vois, papa, j'ai tenu ma promesse.

Chapitre 7

Personne ne m'attendait là

S'il y a un message que j'aimerais faire passer dans ce livre, c'est le suivant :

> Si vous avez un rêve, ne le lâchez jamais ! Et ce n'est pas parce que vous n'avez pas le profil parfait que vous ne pouvez pas y arriver.

Tous les joueurs de basket ne font pas forcément 2,20 m ; certains joueurs de foot sont à peine plus grands que moi, et pourtant, ils ont eux aussi trouvé une façon de se dépasser. Personne ne m'aurait imaginé danseur, chorégraphe, juge de danse, ou écrivain. Et pourtant…

J'ai toujours été le plus petit dans un monde de géants. Et tout cela à cause d'une maudite infection.

Quand j'avais 8 ans, je me suis réveillé un matin avec des ganglions enflés de partout. Une mononucléose, autrement appelée « maladie du baiser » parce qu'elle se transmet par la salive. Sans doute avais-je embrassé trop de filles, il faut dire que j'étais assez précoce en la matière. Cette maladie n'est pas grave en soi, mais j'entends encore les médecins dire à mes parents : à cause de cette infection, votre fils aura toujours à peu près deux ans de retard de croissance. Ils avaient certainement voulu les rassurer sur le fait que je grandirai moins vite que les autres. Et moi, je me suis toujours dit que ce n'était pas grave, puisque deux ans plus tard, je serais aussi grand que mes copains.

À 10 ans, j'étais le plus petit du groupe, mais je me disais qu'à 12 ans, je les aurais rattrapés. Et puis, à 12 ans, j'attendais mes 14 ans, et ainsi de suite... Jusqu'à ce que je me rende compte, à presque 18 ans, que je ne grandirai plus. Ce moment-là a été assez difficile à vivre pour moi. Je me souviens de cet instant comme si c'était hier. Ce jour-là, je me suis regardé dans le miroir, et j'ai eu cette prise de conscience : ce médecin nous a raconté n'importe quoi, je n'ai pas deux ans de retard en croissance, je n'aurai plus de croissance, cela va s'arrêter là ! Je suis alors tombé à genoux et j'ai pleuré. Ça a dû durer cinq ou dix minutes tout au plus, jusqu'à ce que ma mère entre dans la pièce. Elle ne m'avait jamais vu pleurer. Je ne lui ai rien dit, j'ai ravalé mes larmes et j'ai décidé ce jour-là que plus rien ne m'arrêterait. Peu importe qu'on me trouve trop ceci ou pas assez cela, nos résultats en danse sportive parlaient pour nous, et je ne lâcherais pas le morceau. Si vous voulez vous débarrasser de moi, donnez-moi des mauvais résultats, mais sinon laissez-moi continuer à danser !

Croire en ses rêves

Je me définis souvent comme le gars ordinaire à qui il arrive des choses extraordinaires. J'ai beaucoup rêvé, et un grand nombre de mes rêves se sont réalisés. Parce que j'ai tout fait pour ! Tellement de choses me sont arrivées dans la vie, même si au départ, ce n'était pas forcément très bien parti. Car l'apprentissage classique n'a jamais été fait pour moi. Quand j'étais plus jeune et que je regardais le tableau, je ne voyais pas ce que le prof inscrivait dessus, je m'intéressais à la forme des lettres, aux mouvements de l'enseignant. La lecture était un calvaire : j'étais incapable de lire plus de trois lignes car je cognais des clous[42]. Le français était ma bête noire. Dans cette langue, il y a plein de règles, et tout autant d'exceptions à la règle. Mais pourquoi parler encore de règles quand il y a autant d'exceptions ? Pour moi, la grammaire française, c'était la jungle, l'Amazonie même ! Je n'avais

42. Ma tête tombait en avant, je m'endormais.

en revanche aucun souci en maths. Les formules mathématiques étaient beaucoup plus claires car il y avait un résultat incontestable à la clé. En mathématiques, c'est 2 + 2 = 4. On revient toujours à un équilibre. Et pourtant, malgré toutes ces embûches, je suis arrivé jusqu'au bac, en secondaire 5 (la dernière année d'études secondaires au Québec, à la fin de laquelle on passe le « diplôme d'études secondaires », qui est l'équivalent du bac en France).

Après une année un peu chaotique d'études supérieures, j'ai vraiment choisi ma vie, ma voie : la danse. Et j'y suis allé à fond. Tout ce qui comptait, c'était mes résultats aux compétitions. Personne n'avait besoin de me dire de travailler, j'étais le premier sur le parquet de danse, et le dernier à repartir. Je n'ai fait que cela pendant presque vingt-cinq ans. La danse sportive, ou danse de salon, est assez mal connue et pourtant elle est aussi technique, élaborée, construite que la danse classique. Tout est codifié : les positions des pieds, les positions des bras, de la tête, des hanches, les angles, les tours, les pas… Il y a des livres et des livres de terminologies à connaître. Chaque danse a son livre, et il faut étudier et encore étudier. C'était donc très académique, mais là, pour moi, l'architecture des pas et des mouvements, c'était quelque chose de naturel. J'étais fait pour ça. Dans ma tête, c'était un peu comme les maths, la réponse était toujours : l'équilibre.

Au fil des années, le public n'a cessé de me confirmer à chaque instant que j'avais pris la bonne voie. Avec France, nous sommes montés dans l'estime du public grâce à nos résultats. Parfois même, j'ai envie de dire « à cause de nos résultats ». Plus nos résultats étaient bons, plus les gens nous regardaient et nous donnaient de la valeur. En fait, c'était le jeu, et nous avons accepté d'y jouer. C'est un peu comme Mbappé, il peut être le meilleur joueur au monde, s'il ne marque pas de buts, on ne parlera pas de lui. Il fallait que nous obtenions des résultats, et nous les avons obtenus. À l'époque, nous avons osé bousculer l'establishment, et prendre notre place. Jusqu'à atteindre l'élite mondiale de cette discipline.

La danse sportive, c'était toute notre vie, et nous avons exploré ce monde de fond en comble. Nous en avons fait le tour complet, exploré toutes les ficelles, avons tourné le Rubik's Cube dans tous les sens. Nous avons enseigné en privé, en semi-privé, en groupe, dans des conventions ; nous avons organisé des compétitions de danse ; nous faisions même tous nos costumes de danse, pour nous mais aussi pour les meilleurs danseurs de la planète. France y passait des nuits entières, et il n'était pas rare que je la retrouve, au petit matin, endormie sur le mannequin. C'était – et c'est toujours – une *warrior* incroyable !

Grâce à cette expérience fabuleuse, j'ai appris plein de choses, sur moi, sur ma façon de m'engager, sur mon amour pour la compétition… J'avais l'impression d'être en transe dès que la musique démarrait. Aux premières notes, je me transformais en Superman. Et puis quand le show était terminé, je remettais mes lunettes, et je redevenais Clark Kent. J'ai d'ailleurs porté des lunettes pendant très longtemps, mais jamais pour danser, allez savoir pourquoi… Bref, quand le show était terminé, je redevenais le gars normal. Tous mes proches vous diront, eux, que je suis loin d'être un gars « normal ». Je crois profondément qu'en réalité, personne ne l'est. Chacun est unique, et chacun a le droit de poursuivre ses rêves.

Alors, posez-vous la question : quelle est la bonne porte pour vous ? Et si vous sentez que c'est celle-là, ne refusez pas de l'ouvrir en vous disant que vous n'avez pas ce qu'il faut pour la franchir, ou que personne ne vous attend là, à cet endroit, ou derrière cette porte. Personne ne m'attendait là, et pourtant j'y suis aujourd'hui.

Mais, encore une fois, je garde les pieds sur terre. Nous étions certes connus sur toute la planète, mais sur la planète de la danse sportive, qui n'est qu'un satellite. Un satellite qui borne dans tous les pays du monde, mais un satellite quand même. Car en réalité, le monde de la danse sportive est un tout petit milieu, très fermé. Comme si vous regardiez à travers un trou de serrure et découvriez qu'il y a un monde derrière la porte. France et moi nous avions les clés de cette porte, et nous l'avons ouverte. À chaque compétition à laquelle nous participions, on nous confirmait, en toute humilité, que nous avions du talent. Nous avons été adulés par nos pairs. Et nous l'avons vérifié plus d'une fois dans la Mecque de la danse, qui est l'Angleterre. C'est là que les grosses compétitions de danse se tiennent, et nous nous sommes retrouvés en compétition maintes et maintes fois avec 50 ou 70 pays différents. Nous avons remporté des centaines de compétitions de très haut niveau et, quand nous ne les gagnions pas, nous étions classés parmi les meilleurs. Nous avons pris ensemble ce chemin, et nous avons marqué notre territoire. Notre terrain de jeu, c'était la terre entière. Nous sommes allés faire des spectacles au Japon, des tournées en Chine, nous avons été applaudis dans toutes les villes des États-Unis et du Canada, nous avons dansé sur tous les parquets d'Europe… Le statut de « Super Élite » d'Air Canada semblait avoir été fait pour nous. Nous n'arrêtions pas de voyager. Nos voisins nous voyaient toujours sortir de chez nous avec de grosses valises. Ils ont dû penser que nous étions des trafiquants !

Nous avons remporté les titres internationaux les plus prestigieux de notre discipline et pourtant, nos voisins ne le savaient pas. Même certains membres de ma famille l'ignoraient. Alors que si j'avais marqué un seul but pour le PSG, ou les Canadiens de Montréal, tout le monde l'aurait su. Tout cela pour dire que la danse n'est pas reconnue à sa juste valeur. Dans le panorama des activités sportives, la plupart des gens la voient comme un loisir, un vulgaire passe-temps.

Avec France, nous le vivions très bien. Nous avons toujours eu l'impression d'évoluer dans une boîte fermée. Aujourd'hui, grâce aux différentes émissions auxquelles je participe, la boîte s'est ouverte pour moi, et j'en suis très heureux. Mais j'ai bossé pour en arriver là. J'ai répété et répété encore, enseigné, enchaîné les heures, les sessions de danse, les chorégraphies… Je n'ai pas compté mon temps, mais j'ai réalisé mes rêves. Et j'en suis fier. OK, dans le monde de la danse, on ne se salit pas les mains, mais on se fait de la corne aux pieds. Je me suis usé les hanches, les genoux, un cha-cha à la fois. Je ne sais pas d'où me vient cette énergie d'aller toujours plus loin, et je ne me pose plus la question. Je dis souvent que j'ai le corps d'Astérix avec le parcours d'Obélix. Je suis tombé dedans quand j'étais petit. Je ne referais pas les choses autrement et je n'ai aucun regret, mais j'aurais aimé que plein de gens autour de moi aient plus de lumière.

Dans les prochains mois, je vais même avoir la chance de raconter ma vie dans un spectacle, intitulé

Ma Dance Story... Je vous raconte la petite histoire à l'origine de ce fabuleux show. Depuis plusieurs années maintenant, plusieurs de mes projets sont parrainés par le groupe Entourage d'Eric Young, avec Kristina Bernard qui s'occupe super bien de moi. Ils ont déjà réalisé, entre autres, le documentaire *Une princesse chez les Généreux* (réalisé par Matt Charland, un génie de l'image, et produit par Nathalie Brigitte Bustos, une femme de cœur). Ce documentaire sur notre histoire familiale, et plus précisément sur l'histoire de Francesca, qui a déjà été diffusé plusieurs fois à une heure de grande écoute, a rencontré un véritable succès. C'est vraiment l'un des plus beaux cadeaux que la vie m'ait faits. Il y a à peu près quatre ans, j'ai proposé à Entourage une idée de spectacle, mais les étoiles ne se sont jamais alignées. Et puis il y a eu la pandémie. Bref, après un certain temps, j'ai pris un peu de recul sur la question et je me suis dit qu'un jour quelqu'un voudrait bien me produire. Finalement, l'un de mes amis, Alex Francoeur, danseur, chorégraphe et jeune entrepreneur, me glisse, lors d'une conversation anodine :

— Moi, je connais quelqu'un qui pourrait bien te produire…

Je fais alors la rencontre de Martin Leclerc, un grand producteur québécois qui a des tentacules partout dans le monde. Je lui explique ma vision. Le spectacle commence… par ma mort, les gens entrent dans mon paradis et c'est l'heure du jugement dernier où toute mon histoire est retracée. Je n'ai pas le temps de finir mon speech qu'il me dit :

— OK, c'est bon, on y va !

Je suis un peu estomaqué. Alex aussi, car c'est lui qui va assurer les chorégraphies. Pour moi, ce spectacle est une incroyable consécration ! Mon nom en haut de l'affiche : encore un rêve qui est en train de se réaliser. À l'âge où les gens pensent à ralentir, j'essaie encore de prendre de la vitesse et de la hauteur. À l'heure où j'écris ces lignes, la conception de ce spectacle se poursuit avec Alex, danseur et chorégraphe, Christian Lalumière, notre metteur en scène, Martin Leclerc et Fanny Aconin de ComediHa, qui nous donnent les moyens de nos ambitions. Je croise les doigts pour que ce projet arrive également un jour en France.

Le cycle des quatre saisons

Quand je repense à ces dernières années, au déroulé de ma vie tel que je vous l'ai présenté dans les premiers chapitres de ce livre, j'ai en tête l'image des quatre saisons. Mes premiers pas à la télévision française et toutes les merveilleuses opportunités qui ont suivi (le printemps), les débuts de la célébrité avec la naissance de cette fameuse phrase (l'été), le début des interrogations et de la remise en question (l'automne), et le passage à vide lié à la pandémie (l'hiver). Chacune de ces saisons m'a apporté son lot de joies, de bonheurs, mais aussi de doutes et de challenges. Chacune m'a fait grandir un peu plus. Un cercle vertueux qui, finalement, est celui de la vie.

Mon arrivée sur *Danse avec les stars* a ainsi été, en quelque sorte, un printemps. J'ai débarqué en France avec mon enthousiasme, mon énergie, un potentiel à faire grandir… C'est là la définition même du printemps : le début de quelque chose, et l'occasion d'un nouveau possible. Tels les arbres gorgés de sève qui commencent à bourgeonner, nous sommes prêts à faire pousser nos feuilles, à grandir, à devenir plus matures. Le printemps est la saison en or pour apprendre, se donner la chance d'avancer et réaliser ses rêves ! Sauf que, parfois, on n'est pas du bon côté du soleil.

> Mais comme je le dis souvent, pour rectifier la situation, il ne suffit pas de déplacer une branche, il faut se déraciner tout entier pour tourner l'arbre dans le bon sens. Ce qui sous-entend : arrêter de se plaindre, et changer profondément certaines choses. Cela implique aussi de prendre du recul sur soi-même, et de faire le point sur ses qualités et ses défauts.

Lors de la première saison de DALS, les Français n'étaient pas unanimes à mon égard, j'aurais pu passer outre ces critiques, mais ce n'est pas ce que j'ai fait. Je savais que c'était à moi de m'adapter car c'était moi le cheveu sur la soupe, le petit Québécois atypique qui débarquait sur les écrans.

Pour passer du potentiel au résultat, il faut s'en donner les moyens, et cela même si c'est parfois risqué. Aujourd'hui, je me dis aussi que j'ai eu de la chance. Car oui, la chance fait partie intégrante de l'échafaudage d'une carrière. Certains jours, on court avec le vent dans le dos, tout nous sourit ; d'autres fois, on a le vent de face, c'est plus dur, mais il ne faut rien lâcher, pédaler plus fort, saisir les opportunités, oser prendre des risques pour se tourner du bon côté du soleil. Dans ma vie, j'ai toujours rêvé en grand… tout en étant toujours conscient que les étapes sont longues, parfois difficiles.

Après le printemps vient l'été. La saison de la maturité, d'un certain confort, celle où l'on récolte les fruits de ce que l'on a semé. Celle d'un certain équilibre, où l'on peut se satisfaire de nos choix, des changements que l'on a apportés à nos vies. L'été, il faut profiter. Rayonner. Ces verbes riment d'ailleurs avec le mot « été ». Mais cela ne signifie pas qu'il faille être moins exigeant avec soi-même, au contraire, ou qu'il faille écraser les autres.

Dans ma vie, j'ai fait – et je fais toujours – des rencontres extraordinaires, j'ai une chance folle d'avoir pu découvrir tellement de choses. Cependant, il y en a une qui n'a pas changé : c'est moi. Je sais qui je suis et d'où je viens, je sais aussi que tous les gens qui ont jalonné mon parcours ont été des éléments importants pour m'amener à cet été si agréable. Mais il ne faut pas non plus oublier que l'été, il y a parfois des petits épisodes de pluie, des journées plus fraîches, des jours aussi où l'on n'a pas le vent dans le dos, mais de face.

Et puis vient l'automne. C'est la saison des changements, inattendus ou attendus. Je me souviendrai toujours de cette phrase inscrite sur l'une des assiettes que ma mère avait accrochées au mur dans notre cuisine : « Avec l'âge, les raideurs se déplacent. » Je la trouve très drôle parce qu'on peut la comprendre de plusieurs façons… C'est vrai que, quand on vieillit, on devient plus réticent à faire certaines choses : ah non, je ne vais pas courir, je ne vais pas faire du vélo, je ne vais pas escalader cette montagne… On commence à se mettre des freins, mais c'est en faisant cela que nos automnes deviennent plus rudes, plus gris. À l'automne, on se retrouve parfois dans l'obligation de faire des changements majeurs, qu'ils soient économiques, artistiques, culturels. Et ce n'est jamais facile de changer, de sortir de sa zone de confort. Mais ces changements sont souvent salutaires, indispensables. Il faut s'adapter, c'est la dure loi de la vie. Surtout que la majorité de ces changements vont rarement dans le bon sens pour nous. L'automne, c'est aussi parfois la saison des mauvaises nouvelles, celle des nuages plus épais qui viennent obscurcir le soleil. On dit adieu à des amis, des proches, parce qu'ils disparaissent ou que l'on se perd de vue. Les feuilles de l'été qui étaient vigoureuses et très vertes prennent lentement une couleur mordorée, puis finissent par tomber. La sève redescend tout doucement pour protéger les racines. Ce qui vient de la terre retourne à la terre. Ce cycle est parfois difficile à vivre. À l'automne, le fils quitte le nid familial, il n'est plus là le matin au petit déjeuner, et puis il téléphone de moins en moins parce qu'il crée sa propre famille.

Malgré tout, ces couleurs qui changent nous rendent heureux. Avec une petite laine, on apprécie ce temps qui se refroidit puis laisse place à l'hiver.

Quand l'hiver est là, difficile encore de croire au cycle vertueux des saisons, tellement cette saison-là nous paraît interminable… (Et c'est un Canadien qui vous le dit !) Cette sensation de sombrer, que l'hiver ne finira jamais, je l'ai expérimentée pendant la pandémie. La comparaison peut paraître boiteuse mais, à l'instar des femmes qui ont parfois un baby-blues après la naissance de leur enfant, j'ai souvent eu le « *DALS*-blues » et le « *Révolution*-blues » quand les caméras et les lumières s'éteignaient après des semaines de tournage. Pendant ces émissions, on donne tout ce que l'on a, c'est un feu d'artifice émotionnel, un véritable tourbillon. Et puis tout à coup, tout s'arrête, on se retrouve tout seul, dans le froid et la grisaille. La transition est parfois difficile à vivre… L'hiver, c'est aussi recevoir ce diagnostic terrible concernant son enfant. Le verdict est définitif, la maladie incurable. Comment faire pour continuer à apprécier le cycle des saisons dans ces conditions ? Cet hiver-là nous laisse à plat, à bout de force, torturés par la culpabilité. Pourquoi elle ? Pourquoi nous ? Et puis, la vie, malgré tout, reprend tout doucement le dessus…

Les Canadiens sont bien placés pour savoir qu'après une tempête de neige, il faut déblayer. Il n'y a pas d'alternative : il faut prendre sa pelle et dégager la voie pour pouvoir s'en sortir. Et cela même si ce n'est pas facile, même quand on sait que le lendemain, et le surlendemain, et le jour d'après encore, le scénario sera le même. La neige reviendra, encore et encore.

Francesca souffre d'une maladie incurable, et cela ne changera pas. Alors c'est à nous de nous adapter pour y faire face. Il nous faut trouver une façon de survivre à l'hiver.

Pour un parent, la maladie d'un enfant est l'une des blessures les plus difficiles à panser. Et l'une des plus difficiles à cicatriser. Mais je sais aussi que, quand je suis à la télé, ce n'est pas cette image-là que l'on veut voir de moi. On veut le soleil, on veut Galarneau[43], celui qui fait monter le thermomètre, qui gesticule (pas trop tout de même) et communique son énergie et sa bonne humeur, pas le Québécois transi de froid qui déblaie jour après jour la neige devant sa porte. Je sais qu'il faut que je lutte de toutes mes forces contre l'hiver, et je le ferai tant que j'aurai des forces. France et moi, nous sommes les bras de Francesca. Nous sommes les jambes de Francesca. Nous sommes la voix de Francesca. Nous sommes le goût de Francesca. Si ça, ce n'est pas l'hiver, je ne sais pas ce que c'est. Un challenge permanent pour qu'elle ait la meilleure vie possible, malgré la tempête. Je réalise aussi chaque jour la chance que j'ai d'avoir France à mes côtés. Car en réalité, c'est surtout elle qui manie la pelle. Elle dit souvent que notre fille est sa « deuxième peau », et c'est absolument vrai, elle est totalement et entièrement responsable de son bien-être.

Chacun vit l'hiver à un moment ou à un autre, et ces événements changent notre vision de la vie. Mais c'est à cette période-là qu'il faut faire confiance au cycle des quatre saisons. C'est à nous d'arracher les pages du

43. Vieille expression québécoise qui signifie « le soleil au zénith ».

calendrier pour que le temps passe plus vite. Et je peux vous assurer qu'au Québec, on le fait frénétiquement de novembre à mars. Et puis, petit à petit, on laisse de nouveau place au printemps, à l'espoir, à la renaissance.

L'hiver, d'une certaine façon, forge nos caractères. Il nous apprend, année après année, à mieux résister. Toutes ces pierres qui nous ont barré le chemin, toutes ces portes que l'on a dû ouvrir nous forgent une expérience qui nous aidera à mieux appréhender la prochaine montagne, et à faire renaître les feuilles de notre arbre. Ça s'appelle la vie.

Tenir la promesse faite à mon père

Aujourd'hui mes parents ne sont plus là ni pour lire ce livre, ni pour se défendre sur ce que j'ai pu dire d'eux. Mais ils nous ont vus France et moi grandir, passer d'un rayonnement très local à une renommée nationale puis internationale. Ils nous ont vus apparaître dans des journaux, à la télé, sur des plateformes qu'ils ne comprenaient pas toujours. Je pense qu'ils étaient fiers de nous, de ce que nous étions devenus.

À la fin de leur vie, ils habitaient dans un appartement qui nous appartenait. Nous avions acheté ce petit immeuble de trois étages grâce à eux. Mon père m'avait dit : « Si tu veux acheter cet immeuble, je te donne ta part d'héritage tout de suite. Mais si tu veux juste t'acheter une petite maison, tu l'auras plus tard… » J'ai fait ce choix, et pour nous, c'était normal d'y loger mes parents. C'était un symbole de réussite, et à la fois une façon de les remercier pour tout ce qu'ils ont fait pour nous.

Mon père est parti avant ma mère. C'était au début de l'année 1997. Nous étions en voyage pour nos spectacles, et je n'ai pas pu revenir à temps pour lui dire au revoir de vive voix. Il était déjà mort. Je le regretterai toute ma vie.

Les obsèques ont lieu un mardi. Le samedi qui suit, c'est le championnat canadien. Une étape incontournable pour la qualification aux championnats mondiaux. France m'explique que nous ne sommes pas obligés d'y aller mais, encore une fois, elle me laisse le choix de la décision. Mais moi je sais que mon père aurait souhaité que je décroche ce titre. « C'est bien beau, la danse, mais te sens-tu capable de subvenir aux besoins d'une famille ? » : encore et toujours cette éternelle phrase, qui résonne plus que jamais comme une promesse. Si je veux subvenir aux besoins de ma famille, il faut qu'on continue à se battre pour garder notre titre, notre positionnement, pour aller aux championnats du monde. Il faut qu'on continue à faire des spectacles, à donner des cours, à assumer les choix que nous avons faits. À peine quatre jours après avoir mis mon père en terre, je prends donc la décision d'aller au championnat canadien.

À Halifax, les meilleurs danseurs sont tous là, nous n'avons pas le droit à l'erreur. Dans une ronde de compétition, la troisième danse est toujours une rumba. Et cette année-là, les organisateurs ont choisi *Tears in Heaven*. Eric Clapton a écrit cette chanson après la mort de son fils de 4 ans, tombé accidentellement par la fenêtre d'un appartement situé au 53e étage. Des larmes au paradis : difficile de faire plus fort niveau émotion ! Lorsque France et moi prenons place pour la rumba, je reconnais immédiatement la musique, je suis très vite envahi par l'émotion. C'est la première fois que cela m'arrive. J'ai toujours été capable, lorsque je danse, non seulement de laisser mes émotions en coulisses, mais aussi de faire la part des choses entre ma prestation et le regard des juges. Mais cette fois-là, c'est comme si j'étais en transe. Les larmes coulent toutes seules sur mes joues mais, malgré tout, je continue à danser. Autour de moi, les gens ont disparu. Il n'y a plus que France et moi. J'ai la sensation que mon père me regarde de là-haut, même s'il n'est pas encore monté bien haut, cela ne fait que quatre jours qu'il est mort. Et c'est alors que j'ai cette drôle d'impression : celle de répondre enfin à la question de mon père. « Tu vois, papa : je suis danseur, et je subviens aux besoins de ma famille ».

Nous gagnons le titre de champions canadiens. C'est notre dixième titre professionnel canadien consécutif, et notre tout dernier championnat canadien.

Au moment de recevoir le trophée et de saluer le public, je ressens le besoin de monter sur scène pour prendre la parole, ce qui ne se fait pas normalement. J'explique alors la raison de mes pleurs. Et que si je suis là malgré mon chagrin, c'est parce que le monde de la danse est ma deuxième famille. Et que c'est grâce à mon père que j'ai eu la force de danser, malgré tout.

Ce jour-là, j'ai eu l'impression de prouver à mon père que, comme lui avec les chiffres, moi j'utilisais la danse pour subvenir aux besoins de ma famille, et en plus avec la femme que j'aime. C'est comme si je bouclais la boucle.

Maman est morte quelques années plus tard, à l'âge de 86 ans. Elle souffrait depuis près de quinze ans de la maladie d'Alzheimer. Et les deux dernières années ont été très compliquées. Les derniers temps, elle ne se souvenait plus de nous… Maman a fini ses jours dans une résidence pour personnes âgées, et toute la famille était très présente à ses côtés. Moi sûrement un peu moins, en raison de mes nombreux déplacements autour du monde. Je culpabilisais beaucoup, mais mes frères et sœurs ne m'en ont jamais tenu rigueur.

Nous sommes en Floride, pour des stages de danse et des spectacles, quand ma sœur m'appelle pour m'annoncer que maman ne va pas bien du tout, et que ses heures sont comptées. Je suis à plus de 1 650 km d'elle, mais il est hors de question que je ne sois pas à ses côtés quand elle partira. Ma mère savait tous les regrets que j'avais de ne pas avoir été auprès de mon père quand il est mort. J'ai donc tout annulé, et nous avons pris la route direction le Québec.

J'arrive à l'hôpital juste à temps. Maman est entourée de mon frère et de mes sœurs. Je saisis sa main et réussis à lui murmurer combien je l'aime. Sans elle, je n'aurais pas pu accéder à mes rêves, c'est elle qui m'a donné les moyens de mes ambitions. Et surtout, elle a toujours été mon inspiration pour l'amour. Mon père m'a montré comment marcher, ma mère m'a montré comment aimer.

— Elle t'attendait, me dit alors ma sœur Anne-Marie. Maintenant, laisse-la partir.

Maman m'a toujours attendu. Elle m'attendait toujours quand je revenais de mes cours de danse ou de mes répétitions. Elle ne se couchait jamais avant que je rentre. À cause de la maladie, elle nous avait oubliés. Mais je suis sûr qu'au son de ma voix dans son oreille, qu'au contact de ma main dans sa main, elle a su que j'étais là. J'ai senti le dernier battement de son cœur s'éteindre doucement, puis plus rien, elle nous avait quittés. Ma mère était une femme tellement forte. Forte de ses convictions, forte de tous ses talents. Elle voulait que je sois là, et c'est pour ça qu'elle m'avait attendu. Je garde éternellement son dernier battement de cœur dans ma main.

Ma mère a toujours fait en sorte de garder notre famille unie. Avec mon père, c'était le yin et le yang. Par moment ils étaient comme chien et chat. Ils avaient tous les deux des caractères très forts, mais ils étaient loyaux à leurs convictions et à leurs responsabilités familiales. L'important pour eux, c'était de garder toute la famille sous le même toit. C'est un énorme sacrifice qu'ils ont fait pour nous.

Son dernier battement de cœur, son dernier élan, je le prends comme un cadeau, et j'essaie à mon tour d'en faire un bon usage. De donner cet élan à ma fille, à mon fils, à ma femme, à mes amis, à mes collaborateurs. Il n'est pas rare que je prenne la main de la personne avec laquelle je parle pour essayer de lui transmettre une partie de mon énergie. Si cela peut aider les gens, je suis heureux.

Si vous avez encore vos parents, ne laissez jamais passer l'occasion de leur parler, de vous rapprocher d'eux, de passer du temps avec eux. Et cela même si vous avez des divergences d'opinion, même s'ils ne comprennent pas vos choix. Ne leur donnez pas systématiquement tort, essayez de comprendre leurs raisons, leur réalité.

Prenez deux petites minutes pour les appeler, pour apaiser les querelles, pour trouver un terrain d'entente et continuer à partager les beaux moments. Parce qu'il ne faut pas avoir de regrets dans la vie, c'est beaucoup trop lourd à porter.

En avant pour la saison 14 !

Au moment où j'écris ces derniers mots, je m'apprête à partir en France pour le tournage de la saison 14 de DALS. Comme à chaque saison, nous commencerons avec une page blanche qui va s'écrire au fur et à mesure des primes. Comme un canevas immaculé qui se tissera à chaque performance pour en faire une œuvre unique et, je l'espère, mémorable.

Je me sens déjà rempli de toute l'énergie que va me procurer cette saison, curieux et impatient de ces nouvelles rencontres qui vont sûrement m'apporter beaucoup de joie et de nouvelles leçons.

Leçons de danse, et leçons de vie. Pour moi, c'est du pareil au même, car la vie, comme la danse, doit être en mouvement. Il nous faut à chaque instant trouver notre équilibre et notre rythme malgré la vitesse de notre musique, ou celle qu'on nous impose.

Apprendre, et partager mes leçons de vie, c'est et cela restera toujours pour moi une source éternelle de motivation. Les leçons nous aident à prendre des décisions, à faire nos choix. Qu'elles viennent des plus grands ou des plus petits, des plus jeunes ou des plus vieux, ou encore des personnes dont on s'y attend le moins, elles m'amènent toujours à la même conclusion : elles sont toutes bonnes à prendre. Ensuite, il ne reste plus qu'à suivre son jugement, et ultimement à se faire confiance et à faire confiance à la vie.

En scannant ce QR-code ou sur mon site, découvrez pleins de photos inédites, prises tout au long de ma vie !

Mon site : https://www.jeanmarcgenereux.com/

Remerciements

Tout d'abord, merci à vous toutes et tous qui m'avez lu. J'ai écrit ce livre avec toute ma sincérité et mon amour pour la vie.

Tout a commencé par un coup de téléphone de Madeleine Danielsson. J'étais entre deux avions, entre Montréal et Paris. Elle m'a dit : « Je pense que tu devrais écrire un nouveau livre. » Puis elle a ajouté : « Et je sais exactement qui parrainera ce bouquin ! » Alors merci Madeleine pour ta vision, et un grand merci à toute l'équipe des éditions Leduc : Karine, Mathilde, Marie, Mathieu, Caroline, Savannah, Aloïse. Merci d'avoir cru en moi, et de m'avoir donné tous les outils pour réaliser ce beau projet.

Merci à toi, Alix Lefief-Delcourt. Tu as été à mes côtés tout au long de l'écriture de cet ouvrage, tu m'as guidé pas à pas, tu m'as aiguillé et, grâce à ta plume bien affûtée, j'ai pu me raconter et mettre en lumière toutes ces belles leçons que j'ai reçues.

Merci aux grands décisionnaires : les productions Fair Play et TVA au Québec, qui ont créé *Révolution*, TF1, TF1 Prod, BBC Studio France pour DALS et France TV pour *Spectaculaire*, la production de SYTYCD sur FOX aux États-Unis et toutes ces boîtes de production de la plus petite à la plus grande, sur toute la planète. Après une belle carrière de danse professionnelle avec ma femme dans le monde riche de la danse sportive, vous m'avez recruté, permis de travailler et de me réinventer dans ce merveilleux univers de la télévision. Vous m'avez tellement appris, comme l'ont fait mes professeurs de danse avant vous. Reste que ce monde impitoyable de l'audiovisuel m'a aussi enseigné de nombreuses leçons de vie que j'appliquerai le restant de mes jours.

Mes derniers remerciements iront à mes familles, tout d'abord à mon père et à ma mère, à qui je dois la vie. Ils furent des parents aimants. Je leur dois mes premières leçons et les clés pour les comprendre et les appliquer. Ils me regardent d'en haut et j'espère qu'ils sont fiers de moi. À mon frère Raymond et mes sœurs Monique, Françoise, Anne-Marie et Isabelle, à ma belle-famille, mamie Pauline, Carole et Sylvie, à mes beaux-frères et belles-sœurs... Toutes et tous, vous avez toujours été là pour moi et continuez de l'être, alors merci pour vos leçons de vie et les chemins exemplaires que vous m'avez montrés ; ils ont permis de façonner le gars que je suis devenu !

Merci maintenant à mon fils Jean-Francis. Merci d'être devenu un homme fort et solide malgré le sentier très sinueux que notre famille a dû emprunter pour faire face à la maladie de ta sœur. J.-F., nous pouvons toujours compter sur toi, tu es rempli d'extraordinaires qualités et de talents, tu es créatif, imaginatif, rigoureux, ambitieux sans en faire une maladie, et tu réussis toujours tout ce que tu entreprends. Eva, ton amoureuse aussi brillante et intelligente que magnifique, fait maintenant partie intégrante de notre petite famille. Et que dire de votre Pablo, ce petit être à quatre pattes qui, bien qu'il soit noir et blanc, apporte de la couleur dans nos vies.

À Francesca, ce rayon de soleil qui illumine nos journées, à qui je dois un nombre important de mes leçons. Le tout vient avec ces imprévisibles petits nuages avec lesquels nous devons rester vigilants et forts. Merci ma Francesca, tu es l'ultime exemple de courage et d'amour inconditionnel. Sans pouvoir dire un seul mot, juste avec tes yeux, tu as réussi à transformer nos vies et à transmettre un message de résilience et d'espoir.

Merci à mes deux France. Avant tout, la France qui m'a accueilli sur sa terre, et ensuite, toute la francophonie qui m'a fait une place, m'a donné son amour, sans rien demander en retour.

Et finalement, merci à toi, France Mousseau. La femme de mes jours et de mes nuits. Tu es mon présent, mon passé et mon futur. Tu es droiture, intégrité et vérité, tu es toujours sans détour. Tu donnes de ton temps et de ton amour à tous ceux qui en ont besoin avec abondance, sans compter, sans regretter et sans limite. Tu es le pilier, la colonne vertébrale de notre petite et grande famille. Tous ceux qui ont le bonheur de croiser ta route se souviennent de toi, car tu ne laisses jamais personne indifférent.

Tu es et resteras éternellement l'amour de ma vie.

Je t'aime.

Passion and love... always.

Cet ouvrage a été imprimé en utilisant des papiers composés de fibres naturelles, renouvelables, recyclables et fabriquées à partir de bois issus de forêts qui adoptent un système d'aménagement durable. En outre, les fournisseurs de papier s'inscrivent dans une démarche de certification environnementale reconnue.

Achevé d'imprimer sur Roto-Page en janvier 2025
par l'Imprimerie Floch
53100 Mayenne
Dépôt légal : février 2025
N° d'impression : 106339

Imprimé en France